今井博昭

渋沢栄一

「日本近代資本主義の父」の生涯

GS
幻冬舎新書
561

はじめに

日本の「近代資本主義の父」と称される渋沢栄一は、明治維新の時、フランスのパリにいた。そして、この近代ヨーロッパで得た知識と経験が、彼を大きく飛躍させることになる。

慶応三年（一八六七）一月の早朝、幕臣の渋沢栄一は、横浜港に停泊中のフランス郵船「アルヘー号」に意気揚々と乗り込んだ。第十五代将軍・徳川慶喜《よしのぶ》の名代《みょうだい》として弟の徳川昭武《あきたけ》がパリ万国博覧会に行くこととなり、その使節団の一員になったからだ。時は翌年に明治の夜明けを迎える、まさに幕末であった。栄一、二十八歳の時のことである。

栄一のフランス行きは慶喜の命《めい》によるものだ。会計・財務にたけていたことや、昭武の警護に当たる水戸藩士と他の一行との調整役として見込まれたのである。こうして渡欧した栄一は、最先端の技術や製品などが展示されたパリ万国博覧会を見学し、また、オランダやイタリア、イギリスなど五か国を歴訪して見聞を大いに広めた。

慶応3年（1867）パリで断髪した渋沢栄一。28歳
（渋沢史料館所蔵）

栄一は、近代文明国家のフランスに一年半滞在しながら、欧州列強のすさまじい産業の発展や軍事力に驚嘆し、日本との圧倒的な国力の差を目の当たりにした。そして、近代国家の基盤や社会・経済の仕組み、最新技術など数多くのことを学び吸収し、日本が列強に追いつくには、これらを早急に取り入れなければならないと実感する。

この頃、母国では予測された事態であったが、遂に徳川幕府が倒れる。パリの空の下で、栄一は大政奉還や王政復古を知らされる。数多くの有為な人々の血が流れて成し遂げられた明治維新という一大政治変革のその時を、栄一が目にすることはなかった。

明治新政府からの帰国命令を受けた昭武とともに横浜港へ戻ってきたのは、出港から二年近く経った明治元年（一八六八）十一月のことである。

帰国した栄一は、慶喜が隠棲《いんせい》する静岡の地に向かう。そして、ヨーロッパで知った合本《がっぽん》組織（現在の株式会社）による商法会所を作る。新たな事業を積極的に実施して、静岡藩の財政を潤した。

こうした動きを目にした新政府は、明治二年（一八六九）十一月、理財に優れ進取の気性に富んだ栄一の能力を高く評価し、民部省《みんぶ》（後に大蔵省へ統合）への出仕《しゅつし》を要請した。当初、固辞するが、大隈重信（肥前藩）の説得を受けて民部省租税正《そぜいのかみ》として勤務する。

官僚となった栄一は、大隈に有能なメンバーで構成する改正掛《かいせいがかり》の設置を提案する。新たな国の基盤づくりを早急かつ効果的に進めるためである。その掛長《かかりちょう》を兼務しながら、実務責任者として伊藤博文（長州藩）や井上馨（同）などの下で激務をこなし、廃藩置県や地租改正、国立銀行条例、鉄道の敷設《ふせつ》、富岡製糸場の建設などに携わった。

しかし、大久保利通《としみち》（薩摩藩）らの理にかなわぬ財政要請に反発し、明治六年（一八七三）五月、上司の井上とともに大蔵省を辞める。官吏《かんり》としての将来を嘱望《しょくぼう》されながら、約三年半の官僚生活を終えた。

官僚を辞した栄一は念願の実業の世界に入ることを決意する。日本の近代化を進めるためには、何よりも産業を発展させることが重要であり、それが国や国民の生活を豊かにすることを肌で感じていたからである。

また、根強く残っていた官尊民卑《かんそんみんぴ》の考えを打破するために、自らの手で商工業を発展させ、実業界や経営者の地位の向上をめざした。フランスのように、いかなる身分や職業でも対等な関係にある近代社会を築こうとしたのだ。

これには、幼い頃から学んだ『論語』の教えを基にした経済活動が重要だと考え、『論語』と「算盤《そろばん》」の一致を根本的な理念とした。栄一は、実業の世界に論語の精神を植えつけようとしたのである。そして、世に尊敬される経済人になるためには、私利私欲に走らず高い志が必要であり、「商売は、正しい道理を経た上で多くの人に利益をもたらすものでなくてはならない。自己本位の儲け主義に走ってはならない」と諭《さと》した。

この理念のもとに、国是《こくぜ》である「富国強兵」と「殖産興業」を果たすべく、実業界を引退するまでの四十年近くにわたり日本経済界の指導者として活躍するのである。

明治六年（一八七三）六月、栄一は日本最初の銀行である第一国立銀行（現在のみずほ銀行）を創設し、総監役《そうかんやく》に就任する。以後、数多くの銀行や近代的企業の創立・運営に参画し、その躍進に寄与した。

それらは、王子製紙や日本郵船、ＪＲ、東京ガス、サッポロビール、帝国ホテル、東京海上日動火災保険、清水建設など実に五百社を超える。この多種多様な企業は、日本経済の発展に多大な貢献を果たし、経済大国を支える大企業となっている。

また、「金は働きのカスだ。機械を運転しているとカスがたまるように、人間もよく働いていれば金がたまる」として、働きのカスである金を惜しみなく社会に還元した。

東京養育院（現在の東京都健康長寿医療センター）や日本赤十字社、聖路加国際病院などの社会福祉・医療事業の推進だけでなく、一橋大学や早稲田大学、日本女子大学など学術・教育の振興にも大きく貢献した。これらを含め設立・支援した社会公共事業は、約六百に及ぶ。

こうした支援の際に、栄一は自ら資金を出すだけでなく、世の成功者たちに応分の寄付を呼びかけることで知られていた。こんなエピソードが残されている。

ある日、服部時計店（現在のセイコーホールディングス）創業者の服部金太郎が将棋をさしているところへ、栄一がニコニコしながらやってきた。

「いまイタリアの骨相《こつそう》学者に人相を見てもらったら、私は百七歳まで生きるそうだ」

服部は、将棋の駒を投げ出して席を立った。

「そりゃ大変だ。渋沢さんに百七歳まで生きられちゃ、これからどれだけ寄付金の依頼があるか分からない。将棋どころじゃありません。もっと稼がなくちゃ」

これを聞いた周りの人たちは、大笑いをしたという。

栄一は「成功は社会のおかげであり、成功者は社会に恩返しすべき」という強い信念を持っていた。

明治十一年（一八七八）八月、栄一は、三菱財閥の創業者である岩崎弥太郎から向島《むこうじま》の料亭に招かれた。彼は西南戦争の軍需輸送で大儲けをし、政商として飛ぶ鳥を落とす勢いにあった。

「どうですか、私と手を組みませんか」と岩崎が言う。だが、彼の三菱商会では社長の独裁経営が社規に定められていた。栄一が唱える合本組織とは相容れないものである。

「株主を多く集めれば、派閥ができたり主導権争いが生じたりする。会社に関するすべては社長が決めるべきだ」と、岩崎は個人の強力なリーダーシップの必要性を説《と》いた。

栄一は、「会社は個人の私利私欲を図るものではない。広く人力と財力を結集して、社会に公益な事業を興すべきである」と、合本組織と公益事業の重要性を強く主張した。全く考えを異にした栄一と岩崎は、この後、海運業において死闘を繰り広げる。栄一は、思いのままに莫大《ばくだい》な富を得ることができた明治初期において、自らの言葉を見事に実行し、決して三菱や三井のような財閥を形成しなかった。それに、数多くの有能な経済人を育て上げたことも、また特筆すべきである。

近年の日本では、「市場主義経済」がもたらした経済格差や貧困が大きな社会問題となっている。また、企業は過剰なまでに利益至上主義に走り、モラルの欠如や不祥事が多発して、企業の社会的責任が厳しく問われている。

栄一は、「なんら道徳的規範をもたないまま近代資本主義社会になだれ込んだ場合、弱肉強食の世界が現出する」（佐野眞一『渋沢家三代』）とした。これが現実となっている今日こそ、「営利の追求や富の蓄えも、道義に合致するものでなければならない」とする道徳経済合一主義の教えを、改めて捉え直す必要があるだろう。

武蔵国榛沢郡《むさしのくにはんざわ》（現在の埼玉県深谷市《ふかや》）の豪農に生まれ、尊皇攘夷《そんのうじょうい》に燃えていた栄一は、二十五歳で一橋家に仕え、幕臣として近代ヨーロッパの列強を見聞し、帰国して大蔵省の官僚となった後、三十四歳で念願の実業界へ転身する。このわずか十年の間に、何度も人生が大転換した。しかも、多くの有為な人々に影響を受けて成長していくのである。

本書は、この少壮気鋭な時期の栄一に焦点を当てている。幼少からの師・尾高惇忠《じゅんちゅう》をはじめ、運命を変えた平岡円四郎や主君・徳川慶喜とともに、大隈重信や井上馨、大久保利通ら幕末・維新に不可欠な八人との人間模様を見つめながら、栄一の若き日の生きようを追ったものである。

そして、お国の役に立ちたい一心で、先を見つめて懸命に時代を切り開き、時代が求める傑物に成長していく栄一の姿を描ければと考えている。

渋沢栄一の幼名は市三郎で、後に栄治郎、栄一郎、篤太夫《とくだゆう》、篤太郎などと名乗るが、本書では栄一とする。年齢は、当時使われていた数え年（満年齢より一歳多い）による。明治五年十二月二日までは旧暦で、翌日からは新暦を採用し明治六年一月一日となる。本文の一四九ページに出てくる「竜門社」とは、明治十九年（一八八六）に栄一の邸宅に寄寓《きぐう》していた書生たちが作った会である。この後、変遷を経て現在の公益財団法人渋沢栄一記念財団となる。

渋沢栄一／目次

DTP 美創

第一章　栄一、討幕を企てる

1 尾高惇忠――藍香《らんこう》ありてこそ青淵《せいえん》あり

幕政を怒る

渋沢栄一（号を青淵）は、天保十一年（一八四〇）二月十三日、武蔵国榛沢郡血洗島村（現在の埼玉県深谷市）に生まれた。父は市郎右衛門《いちろえもん》で、母はえいである。栄一が生まれ育った榛沢郡には、平坦で肥沃《ひよく》な農地が広がっていた。そのため、現在も、深谷市は県内で最も農業が盛んな地域だ。特に深谷ネギの産地として全国的に有名である。

栄一が幼い頃、血洗島村には十七軒の渋沢家があった。このため、家の位置などで各家を呼び分けていた。栄一の家は、渋沢家の本家で中央にあったので「中の家《なかんち》」と呼ばれていた。また、当時、村一番の豪農で名主を務める宗助の家は、東の方向にあるので「東の家《ひがしんち》」といわれた。このほか、「前の家《まえんち》」や「新屋敷」、「古新宅」などと呼ばれる家があった。

父の市郎右衛門は「東の家」の生まれだが、家運が傾いていた本家の再建を託されて婿に入っていた。武士になりたかったが、果たせなかっただけに、自分が置かれた今の立場を理解して家業の発展のため懸命に働いた。

「中の家」では、実入りの多い武州藍の商売に力を入れていた。藍は、染料としての色鮮やかさだけでなく、自然の殺菌力を持っていたため大いにもてはやされた。農家から買い入れた藍の葉を寝かせて、発酵・熟成させ、丸く固めると藍玉ができる。これを紺屋《こうや》（藍染業者）に売るのである。

特に藍の葉の鑑定に優れていた市郎右衛門は、最良の藍の葉を大量に仕入れ、最高の藍玉をつくり大変な儲けを得た。これにより、栄一が少年の頃には、「東の家」に次いで裕福な農家となっていた。

栄一が十七歳の時に、忘れもしない屈辱的な出来事が起こる。安政三年（一八五六）の秋、領主から村に千五百両の御用金を申しつけられた際のことである。

血洗島村の領主は岡部藩の藩主・安部《あんべ》信宝《のぶたか》で、村から一里ばかり離れた岡部村に陣屋があった。石高《こくだか》は二万石余りである。藩の財政は困窮しており、先祖の法要や若殿様の元服、姫様の嫁入りなどの際は、これらの費用を御用金として領内の豪農から徴収した。その代わり、彼らに名字帯刀を許していたのである。

この度の御用金であれば、名主の宗助が千両、栄一の父・市郎右衛門が五百両を差し出すのが慣例である。父から岡部藩への御用金は、既に二千両余りにも達していたが、もちろんこれらが領主から返されることはない。

陣屋にまかり出る日は、父が風邪のために寝込んでいた。栄一はその名代として、同様に御用金を言いつけられた近村の名主二人と一緒に出向いた。

代官が、「お姫様のお輿《こし》入れにかかる御用金だ。有り難《がた》くお受けしろ」と申しつけると、近村の名主たちはいつものように直ぐに承知する。だが、栄一は違った。

「私は、父から御用の趣《おもむき》を聞いてこいと言われただけです。ここでお受けするわけにいきません。御用金の額はかしこまりましたので、父に話した上で改めてまかり出ます」

この思いもせぬ返事に驚きと怒りを隠せない代官は、顔を赤らめた。そして、見るからに権力をかさに着て、人を見下した態度で言い立てた。

「何をたわけたことを申すか。おぬしは、一体お上《かみ》の御用を何と心得ているのか。お受けできませんとな。お上に逆らうつもりか。このままでは捨ておかんぞ」

一息ついて、今度は小馬鹿にした風に言う。

「ところで、おぬしはいくつだ」

栄一は、この言いぐさに内心ムッとしたが、相手が代官であることから我慢した。

「はい、十七歳でございます」

「そうか、おぬしも十七歳になるなら、もう女遊びもするであろう。一人前の大人ではないか。おぬしの一存で何とでもなるであろう。そちの家で五百両の金なぞは何でもないはずだ。家に帰って父に相談するとは聞いたこともない。おぬしは、自分が何を言っているか分かっているのか。皆と同じくこの場で有り難くお受けしろ！」

それでも承知することはできないと言い張った。近村の名主二人はお受けするように促すが、栄一は納得しない。代官は、一層顔を赤くしてにらみながら怒鳴《どな》りつけた。

「黙れ、黙れ！　お上に言葉を返すつもりか、不埒千万《ふらちせんばん》なやつめ！」

「しかしながら、私は……」

代官の口汚い言葉に耐えながら、この後も決してその返事を変えなかった。このため、父に話をしてから再度まかり出ることになり、陣屋を後にした。

村に帰る道すがら、栄一は、いかに身分が違うとはいえ、代官の言葉や態度に憤懣《ふんまん》やるかたない思いが消えなかった。確かに、藍玉の製造・販売で、

「当時、中ノ家《なかんち》の売り上げは年間一万両ぐらいあったそうです」（田澤拓也『渋沢栄一を歩く』）

ということであれば、五百両は大した金額ではない。

だが、領主は当然年貢を徴収しながらも、さらに御用金と称して強引に取り立てる。しかも、岡部藩は何の経費節減の努力もしないで、逆に用立てする農民を一方的に軽蔑し、嘲弄《ちょうろう》するような態度に出る。こんな道理はどこから生じたのであろうか。

また、あの代官は決して教養があるとは思えない。こんな人物がお上の役人をしているのは、幕府政治が腐っているからではないか。今の世の中では、農民は何の知識も分別もない役人に侮辱され、まるで奴隷のように扱われてしまう。栄一にとって、農民であるがゆえの理不尽な境遇を、強烈に思い知らされた出来事であった。

家へ帰り、父にこの経緯をありのまま話して、岡部藩の代官の非礼な態度を訴えた。父は相当に学問の修業を積んでおり、剣術も使え、武士気質《かたぎ》だった。その父が、なだめるように言う。

「お前の言い分はもっともであるが、領主からの言いつけには理屈では勝てぬ。理屈を押し通しても、かえって他のことで意地悪くされるだけだ。お受けするより仕方あるまい」

この一件は、栄一にとって折に触れ幕政への怒りの火種となる。そして、立派な武士になってこの国をよくしたい、役に立ちたいという思いを胸中から忘れさせることがなかった。

栄一を育《はぐく》んだ気風

当時の北武蔵地方は、若い農民たちが進んで文武に励み、天下国家を盛んに論じ合うという独自の土壌や気風があった。

利根川沿いの中瀬河岸《かし》は、水運の拠点として江戸との人や物の往来が盛んで地域経済の要衝の地となっており、中山道の深谷宿をしのぐほどの賑わいを見せていた。この中瀬河岸や深谷宿を通じて、北武蔵地方に江戸の政治・経済や文化が波及し、多くの儒学者や武芸者などが訪れた。このことが学問や武芸を尊ぶ気質を生んだのである。

そして、この気風が有能な人材を輩出した。隣の宿場町の熊谷宿《くまがや》(現在の埼玉県熊谷市)に生まれた三浦無窮《むきゅう》は、幼い頃から勉学に優れていた。江戸へ出て医術を修め、儒教の教典である「四書五経」などを学んだ。三浦は郷里に戻って医者となり、勉学に燃える若者たちに経書《けいしょ》を教えていた。

三浦に師事し、大きな期待をかけられたのが渋沢仁山《じんざん》である。彼は二代目宗助の弟で、栄一にとっては祖父の弟に当たる。学識者であるとともに、こよなく酒を愛し、詩文や俳諧を好む風流人でもあった。自宅を「王長室」（自ら学問に楽しむ所）として開放し、近郷から大勢の若者が聴講に来た。この仁山こそが、学問を学ぶ尊さを当地方に築いた祖と言えるであろう。

仁山の弟子に、北阿賀野《あがの》村（現在の埼玉県深谷市）生まれの桃井可堂《もものいかどう》がいた。なかなか人を褒めない仁山が、桃井を称賛し儒学者としての将来を嘱望したという。

江戸へ出た桃井は、儒学者の東条一堂の門に入り、研鑽《けんさん》を積み「一堂門の三傑」の一人とも言われた。次第に尊皇攘夷《そんのうじょうい》の考えに至り、文久《ぶんきゅう》三年（一八六三）三月に故郷へ戻り塾を開いて同志を集めた。栄一たちも、桃井の教えや動向に影響を受けた。

桃井は、十一月に塾生らと尊攘《そんじょう》の兵を挙げようとしたが、事前に露見し自首する。翌年七月、幽囚《ゆうしゅう》された福江藩邸内で自ら食を断ち没した。

血洗島村を訪れた儒学者では、武蔵国埼玉郡台村（現在の埼玉県久喜《くき》市）生まれの菊池菊城《きくじょう》が著名である。彼は幼い時から学を好み、二十歳の時に江戸へ出て儒学を学んだ。学問を修めてからは諸国を訪れ、歴遊《れきゆう》の儒学者とも言われた。

名主の宗助は、天保十四年（一八四三）に菊池を自宅に招き「本材精舎《ほんざいしょうしゃ》」という塾を開設した。渋沢一族や近隣の若者らが熱心に講義を聴いたことであろう。

栄一も、安政年間（一八五四〜六〇）に尾高の家で、この菊池から三、四回は講義を受け、よく解釈したと何度か褒められたという。

北武蔵地方の若者たちは、儒学者の藤森弘庵や中野謙斎などからも教えを受け、国の形勢や諸藩の動向、外国の情勢などを学んだ。変遷極《きわ》まりない時代を捉える目を養い、次第に幕政批判から尊皇攘夷へと向かうのである。

尾高から栄一へ

栄一は、幼少の頃から知識欲が旺盛《おうせい》で物覚えがよかった。六歳の時に父から学問の手ほどきを受け、七歳になると、父の薦めで尾高惇忠（号を藍香）に教えを請うた。

尾高は、文政十三年（一八三〇）七月二十七日、血洗島の隣の下手計《しもてばか》村に、父は尾高保孝《やすたか》、母やへ（栄一の父の姉）の長男として生まれた。栄一より十歳年上で従兄《いとこ》になる。

若くして塾を開いた尾高は、近隣の若者たちに『論語』や『孟子』などの「四書五経」を教えていた。栄一が尊皇攘夷に夢中となり、幕政のあり方を激しく批判するようになるのは尾高の影響である。「藍香ありてこそ青淵あり」と言われるように彼の存在を抜きにして、栄一の生涯を語ることはできない。

尾高は十七歳の頃には、ひとかどの学者として尊敬され近村でも名が知られるほどになっていた。長身で色白面長《おもなが》の温和な顔立ちだが、目が鋭く気が強い性格であった。学問の話になると堰《せき》を切ったように能弁となる。江戸の学者でも読むのが難しい『文選《もんぜん》』を、少し字引をひくだけで大抵すらすらと読めたという。それだけ特異な能力と理解力を備えていた。

また、尾高の教え方が一種独特であった。一度に書物を三、四十枚も通読させる。そして、「ここはこういう意味だ、そこのところはこう解釈すればよい」と、読み方と大意を説明するだけである。意味がよく分からなくても何度も読み込んでいけば、自ずと理解できるというのだ。

この読書法が気に入った栄一は、『日本外史《がいし》』や『通俗三国志』『里見八犬伝』など、面白そうな本を次から次へと読んだ。十二歳の正月のことである。年始の挨拶回りの時に、栄一は本を読みながら歩いていた。案の定、溝の中に落ちて正月用の晴れ着を汚してしまい、母に大変叱られたという。とにかく読書好きの子どもであった。

天保十二年（一八四一）に、尾高は父とともに水戸城外の千波ヶ原《せんばがはら》へ行った。この頃、外国船が日本近海に現れ始めたことから、水戸藩主の徳川斉昭《なりあき》は、海防の必要性を唱えて寺院の梵鐘《ぼんしょう》を鋳造して大砲を造っていた。

斉昭は、これらを使い大規模な戦争を想定した追鳥狩り《おいとりがり》を実施したが、これは実戦的な軍事訓練である。迫力満点の光景を眼にした十二歳の少年は、遠くに馬上の斉昭の勇姿を見て畏敬《いけい》の念を抱き、急速に水戸学へ傾注していく。

水戸学は、日本古来の伝統を追求する学問で、国学や史学、神道《しんとう》を基軸とした国家意識に儒教を加味した学風である。「天皇を尊崇《そんすう》することによって全国の民心《みんしん》を統一し、それによって国（幕府）の権力強化を図り、外国からの圧力を排除するためには武力行使も辞さない」とした。これが、尊皇攘夷論に理論的根拠を与えたのである。

斉昭は水戸藩の改革を推し進め、藩校の弘道館《こうどうかん》や郷校《きょうこう》（主に庶民のための学校）を設けた。これらを拠点に、水戸学の権威である会沢正志斎《あいざわせいしさい》や藤田東湖《とうこ》らにより尊皇攘夷思想が全国に広まり、憂国の志士たちの熱烈な支持を得ていく。

黒船が来航した年の嘉永《かえい》六年（一八五三）の七月三日、斉昭が海防参与に任命された。外国からの開国要求に幕閣《ばっかく》らが右往左往する中で、彼は、数十門の新式大砲を造らせるなど軍備の充実・強化を図り、攘夷の態度を明確に示した。
会沢や藤田に深く心酔していた尾高は、ペリーに対する幕府の開港を痛烈に非難した。

> 国は鎖《とざ》さなければならない。夷狄《いてき》は攘《はら》わなければならない。彼の言う通りに和親通商を許すのは、城下の盟《ちかい》を結ぶにひとしい。そんな汚辱がまたとあろうか。日本に戦う力があってこそ、真の和親は結べる。それなくして結ぶ和親は、和親ではなくて屈従だ。犬《いぬ》や豚《ぶた》の前に屈従する。どうして神州の人間にそんな真似が出来よう。開国を許した幕吏《ばくり》は国賊で、鎖国を主張した水戸派の人士は、天晴れ神州の精華を発揮した忠臣である。
>
> （渋沢秀雄『父　渋沢栄一　上巻』）

こうした尾高の攘夷思想が、栄一へ伝えられた。そして、栄一と行動をともにする従兄の渋沢喜作《きさく》（父の兄・文左衛門の長男）などにも広まっていく。

栄一は、混乱する幕末をどう生きぬくか、また、外国からの開国要求にどう対処すべきかを尾高から学んだ。彼がいなければ、この国のあり方を激しく憂い、武士になり、幕臣として欧州へ行き、近代日本の国づくりの指導者となる栄一は生まれなかった。

コラム　栄一が語る尾高惇忠（藍香）

藍香は元来学才もあつた。然し人情味の大変豊かな人であつた。私は八歳の時論語を教はつたが、其後ずつと藍香に近づいて行つたのである。爾来あらゆる事に指導を受け、或ひは行動を共にして来たが、未だ嘗て藍香に叱られた事を覚えない。そして諄々として訓へ導いて呉れる。私は其点に就て今も藍香の情愛を深く感じてゐる次第である。それに藍香は中々活潑であつた、小さい頃は戦遊びをよくやつた。撃剣《げきけん》も相当やれるし相撲もとつた。唯事業をやる事だけは下手だつた。

（『渋沢栄一伝記資料 別巻第五』）

2　討幕計画を練る

尊皇攘夷に燃える

嘉永《かえい》六年（一八五三）六月三日、ペリー率いるアメリカ東インド艦隊の四隻が、日本に開国・通商を求めて浦賀沖に現れた。いわゆる黒船来航である。これ以降、欧米列強からの開国要求への対応をめぐって、朝廷と幕府、雄藩《ゆうはん》との間で激しい抗争が生じる。

そして、新しい国のあり方をめざしての主権争いが一段と激化していく。明治の新時代までの十五年間、日本は未曽有《みぞう》の激動の時代・幕末を迎えるのである。

安政五年（一八五八）四月二十三日、将軍・家定《いえさだ》は、譜代《ふだい》大名筆頭格の彦根藩主・井伊《いい》直弼《なおすけ》を大老に任命した。欧米列強との修好通商条約の締結問題と、将軍の継嗣《けいし》問題の決着が急がれていたからである。

六月十九日、幕府は、孝明《こうめい》天皇の勅許《ちょっきょ》を得ぬまま日米修好通商条約に調印した。この条約では、神奈川と箱館、長崎、兵庫、新潟の開港、大坂と江戸の開市《かいし》、自由貿易による通商などが決められ、また、領事裁判権（治外法権）を認め、関税自主権がない不平等条項が含まれていた。

幕府の違勅《いちょく》調印に驚いた徳川斉昭や一橋慶喜（後の徳川）、徳川慶勝《よしかつ》（尾張藩主）、松平春嶽《しゅんがく》（越前《えちぜん》藩主）らは、江戸城に上がり井伊大老を問い詰めた。これに対して、大老は、彼らの「不時《ふじ》登城《とじょう》」を責め、隠居や登城禁止などに処した。

最初にアメリカと調印したのは、公使のハリスから「イギリスやフランスからの不条理な要求があっても日米条約に沿うよう説得する」と言われたからだ。清《しん》王朝がアロー戦争で英仏連合軍に負け、五月に不平等極まりない天津条約《てんしん》を結ばされていたことが、その背景にあった。

この後、幕府はオランダとロシア、イギリス、フランスとも修好通商条約を結んだ。

また、家定の継嗣問題は早くから表面化していた。家定は将軍の役務を果たせる人ではなく、世継ぎも期待できなかったからだ。斉昭や松平春嶽、島津斉彬《なりあきら》（薩摩藩主）らは、頭脳明晰《めいせき》な慶喜を推した。この一橋派と、血筋を重視して徳川慶福《よしとみ》（紀州藩主、後に家茂《いえもち》）を推挙する井伊直弼らの南紀派とが、激しい後継争いを繰り広げていた。

六月二十五日、幕府は、十三歳の慶福を第十四代将軍にすると公表した。

孝明天皇は攘夷論者であり、開国には強く反対をしていた。六月二十七日、幕府が専断《せんだん》でアメリカと修好通商条約を締結したことを知り激怒する。翌日には、幕府への抗議の意を込めて天皇の位を降りると表明した。

八月七日の朝議《ちょうぎ》では、天皇は譲位をしない代わりに、自らの考えを勅諚《ちょくじょう》（後に「戊午《ぼご》の密勅《みっちょく》」と言われる）に示した。そこには、条約の無断調印を責め、「幕府の有司《ゆうし》は一体何を考えているのか」「なぜ水戸前中納言や尾張、越前の諸侯が処罰を受けているのか」と大老を非難する文言があった。また、「外夷《がいい》・国事多難の時にあって、御三家や御三卿《ごさんきょう》、大老、閣老《かくろう》、譜代、外様《とざま》など一同に評議し、国内の治安に努めよ」と書かれていた。

翌八日、この勅諚が幕府ではなく水戸藩に下賜《かし》された。これは、幕府にとって決して許されることではない。井伊大老は、幕府の権威が傷つけられたと怒り心頭《しんとう》に発する。九月に入ると、これに関与した者たちを次々に逮捕した。安政の大事件の始まりである。

翌年の安政六年（一八五九）十月、大老は、勅諚に関与した水戸藩家老だけでなく、幕政を批判していた開明派の吉田松陰《しょういん》（長州藩）や橋本左内《さない》（越前藩）などに切腹・死罪を命じた。また、大老への反発を強めていた斉昭や慶喜らとともに反幕派の公家などを、蟄居《ちっきょ》、隠居・謹慎などに罰した。その数は百人近くにのぼった。安政の大獄である。

幕府は、十一月に水戸藩が賜《たまわ》った勅諚の返却を求めた。これに対して、水戸藩尊皇派が専制政治を行う井伊大老への反発を一段と強め、安政七年（一八六〇）三月三日、桜田門外の変が起きた。井伊大老が水戸浪士ら十八人によって暗殺されたのだ。

この後、幕府の実権を握った老中の安藤信正《のぶまさ》は、朝廷の権威を利用して権力を維持する公武合体を画策《かくさく》した。孝明天皇の妹・和宮《かずのみや》を将軍・家茂に嫁《とつ》がせる「和宮降嫁《こうか》」を目論《もくろ》んだのである。この年の十月、和宮は兄の強い説得を受けて承諾する。幕府は、天皇が望んだ攘夷の実行と修好通商条約の破棄を確約したが、無理なことは承知の上である。

文久二年（一八六二）二月十一日、盛大な婚礼が執り行われた。ともに十七歳である。

この前月の一月十五日、老中の安藤が、江戸城の坂下門でまたも水戸浪士ら尊攘派六人に襲撃された。坂下門外の変である。これにより安藤は失脚する。

幕府は、その権威を失墜させながら六年後の終焉《しゅうえん》へと向かっていくのである。

修好通商条約で外国貿易が始まると、江戸庶民の生活は悪化の一途《いっと》をたどっていく。

安政六年（一八五九）六月二日に開港した横浜港には、外国から毛織物や綿織物、武器などが持ち込まれた。輸出品は、生糸《きいと》や茶、油などの生活必需品が中心であった。特に高値で取引された生糸は、貿易商人が産地で買い占めて直接横浜港に運んだ。城下では生活物資が極端な品不足となって価格が高騰し、庶民生活は一気に苦しくなった。

万延《まんえん》元年（一八六〇）の閏《うるう》三月十九日、幕府が「五品江戸廻送令」を出す。雑穀と水油《みずあぶら》（菜種油）、蠟《ろう》、呉服、生糸の五品は、江戸の問屋を経由せよと命じたのである。だが、通商条約の自由貿易に反すると欧米列強や貿易商人からの反発があり形だけのものとなる。

また、貨幣交換でも大きな問題が生じていた。当時、貿易決済は洋銀（メキシコドル）

であるが、通商条約で通貨の同種同量交換が決められていた。洋銀一ドルと一分銀《いちぶぎん》三枚がほぼ同じ重さだ。これは、洋銀が一分銀の三倍の価値があることを意味した。

日本では一分銀四枚で小判一両としていたので、例えば、洋銀四ドルは一分銀十二枚となり、小判三両に交換できる。この小判三両に含む金の価値が、外国では洋銀十二ドルとなる。外国人は、洋銀を一分銀に換えて小判と交換し、それを海外へ持ち出すだけで多額の利益を得ることができたのだ。国内では金貨（小判）が流出するとともに、貨幣の改鋳《かいちゅう》などで物価が急上昇し、大きな混乱を引き起こしていた。

民衆からも外国貿易への反感が高まり、激しい攘夷運動が起こる一因となる。


激動する幕末にあって、血洗島村でも同志が集まり盛んに天下国家を論じていた。特に栄一は、あの御用金事件以来、討幕の念が強まりこそすれ弱まることはなかった。

尾高の実弟・長七郎は、栄一より二歳年上で、江戸で剣術家をめざしていた。栄一は、この従兄が江戸から連れてきた憂国の志士たちに、幕府や雄藩の動向、異国や夷狄に関する話などを聞き、議論するのが楽しみであった。

文久元年（一八六一）の冬、栄一は、江戸城下の様子をぜひ見たいと強く望み、春先の農閑期に従兄の喜作と一緒に江戸へ行くことを、父に願い出た。

父は、栄一に諭すように言う。

「お前は我が家の跡取りだ。家業をおろそかにしてはいけない。それなのに学問をするために江戸へ出たいという。困ったことだ。これでは安心してお前に家業を譲ることができないではないか。そういう考えは諦めて、仕事に精を出してもらいたい」

「父上の仰せは至極《しごく》ごもっともでありますが、この時勢では、農民だからといって学問ができないと困ります。それに春先の農業の暇な間だけです。ぜひお許しを願います」

何度か言い合いを繰り返すが、結局、許してくれた。これまでの栄一の言動から、無理に止めると出奔《しゅっぽん》しかねないと思えたからである。

三月、喜作と江戸へ向かう栄一の若き血潮は燃えたぎっていた。二十二歳の春である。自ずといつもよりも早足になっていた。だが、二人が目にした江戸城下は混乱の極《きわ》みにあり、田舎で聞いていたよりもはるかに驚くべき有り様であった。

黒船来航による国のあり方をめぐる攘夷派と開国派、朝廷と幕府の対立に関わる尊皇派と佐幕派などの抗争が入り乱れていた。また、雄藩の思惑による主権争いや異国との貿易に反発する動き、古来の武家政治への憤り、腐りきった社会組織への反抗などが、突発的に感情の赴くままに生じていた。

この混乱状態の江戸で、二人は、下谷《したや》練塀小路《ねりべいこうじ》にある儒学者・海保漁村《かいほぎょそん》の塾で漢籍を学んだ。また、神田お玉ヶ池にある北辰一刀流の千葉道場に通い始めた。

城下の有能な志士と交遊を深めるのが目的の栄一と喜作は、海保塾や千葉道場などで知り合った多くの国士たちと盛んに天下国家を論じた。そうしているうちにも、尊皇攘夷への思いが一層高まり、二人はその実現に駆り立てられていく。

約束通り、江戸に二か月ほど滞在して五月に村へ戻ると、二人は将軍のお膝元には、さすがに師と仰ぎたい者や同志にしたい人物が数多くいることを、尾高たちに熱っぽく語った。


父・市郎右衛門は、国事《こくじ》に強い関心を持ち始めた栄一の行く末を案じていた。そのため、三年前の安政五年（一八五八）十二月七日、十九歳の栄一に嫁をとらせた。相手は、幼い頃から気心の知れている尾高の妹・ちよ（十八歳）である。いとこ同士の結婚となる。当時は重縁《じゅうえん》といって喜ばれた。

市郎右衛門は名字帯刀が許された血洗島村の名主見習であり、花嫁の父の尾高勝五郎は下手計村の名主である。だが、婚礼は質素に執り行われた。両家ともつましい暮らしを信条としていたからだ。

ちよは、畑仕事をはじめ、養蚕や機織《はたお》り、石臼《いしうす》での粉ひきなどの力仕事もこなす働き者であった。だが、その考えは先進的である。ちよが十二、三歳の頃、栄一らと兄の惇忠の講義を聴いた時のことだ。講義後に分からないことを質問すると、兄が言う。

「女子《おなご》がそんなことを知ってどうするのか」

「兄さん、女子といったって同じ人間です。人として物の道理を知ることが、どうしていけないのですか」

この言葉にハッとした尾高は、以後、暇があると『論語』などを読んで教えたという。

二人の新婚生活が始まったものの、栄一はさらに尊皇攘夷に熱を入れるようになる。ちよには気をもむ日々が続くが、文久元年（一八六一）八月、妊娠が分かる。ちよの母やへは「顔がやつれているから男の子だよ」と言いながら、栄一が国事に熱中するあまり、お腹の子への関心がない様子を嘆いた。

翌年二月、渋沢家は長男・市太郎《いちたろう》が生まれ喜びに満ちあふれていた。だが、この頃、武蔵国の村々で麻疹《はしか》が大流行しており、渋沢家でも市太郎だけでなく、ちよや下男下女らも床《とこ》についた。市太郎は、生後わずか六か月で亡くなる。やっと回復に向かっていたちよは、栄一からその死を知らされ、小さな亡骸《なきがら》を抱いたまま泣き崩れた。

治療方法だけでなく、病気自体がよく分からなかった頃だ。市郎右衛門とえいの夫婦は十人以上の子を授《さず》かるが、多くが早世した。成長したのは栄一と五歳年上の姉・なか、十二歳年下の妹・ていの三人だけである。まさに、多産多死の悲しい時代であった。

討幕計画の決定

初めての江戸遊学以来、栄一はひとかどの憂国の志士になった気分でいた。有名な国士らが村に来ると、時を忘れて天下国家を論じ幕府の悪政や腐敗を憂えた。このために家業の方がおろそかになり、たびたび父から農民の身分をわきまえるようにと説諭されるが、栄一の胸の内に燃えさかる尊皇攘夷への一念は、誰にも消すことができない。

文久三年（一八六三）五月、強い決意を秘めた栄一は、江戸への遊学を再度願い出た。最初反対した父であったが、その決心が動かし難いとみて聞き入れてくれた。

そして、栄一に言う。

「お前の十七、八歳の頃からの様子をみていると、儂《わし》の考えとは大きな違いがあるようだ。

商売のコツを覚えて、家業もどんどん盛んになってきたので内心喜んでいたし、このまま家業を継がせ、早晩隠居しようと考えていた。だが、お前を無理やり儂の意見に従わせようとすれば、かえって不幸にするかもしれない。それは親として忍び難いことだ。

お前が、また江戸へどうしても行きたいというなら仕方がない。儂は子どもを一人なくしたと思い、改めて家業に精を出すことにしよう。だが、決して無分別な考えを起こしてはいけない。また、人間の道を踏み誤ってはならないぞ！　分かったな」

息子の将来を思う愛情深い言葉が心の中にしみ込み、栄一は思わず涙ぐんだ。そして、江戸に行く理由を聞き返すこともなく自分を信じてくれる父に感謝した。

栄一は、「いよいよ実行の時だ」という思いを秘めて喜作と再び江戸へ向かい、信頼できる塾や道場の仲間に声をかけた。崖っぷちにある幕府の暴政を見聞するにつけ、尊皇攘夷に向けての具体的方策を練るべき時が来ていると確信した。

江戸城下には血気に逸《はや》る者が多く、事を起こす前に発覚する恐れが強い。このため、江戸の同志の参加を得て郷里で実行することにした。八月初めに、二人は血洗島村へ急いで帰った。そして、尾高や喜作らと、尾高家の二階でその秘策を練ることにした。

ちょうど一年前の文久二年（一八六二）八月二十一日、武蔵国橘樹郡生麦村《たちばなぐんなまむぎむら》（現在の横浜市鶴見区生麦）で大事件が起こった。

文久の幕政改革を実行した島津久光《ひさみつ》（薩摩藩主・忠義《ただよし》の父で最高実力者）が、意気揚々と江戸から帰る際のことである。薩摩藩の大行列に騎乗のイギリス商人たちが出会う。行列を乱したとして同藩士が、彼ら三人を殺傷した「生麦事件」である。

薩摩藩は、行列の通過を事前に各国公使に届けてあり事件の責任はないと主張、イギリスからの犯人の引き渡しと賠償金の要求を拒否した。このため、翌年七月に薩英《さつえい》戦争が起こる。幕府も公式謝罪と賠償金十万ポンドを要求されたが、インドや中国の二の舞を恐れてあっさりと受け入れたため、イギリスとの間に何事も起こらなかった。

この生麦事件のように、外国人二、三人を斬り捨てただけでは何の意味もない。栄一らは天下の耳目《じもく》を驚かす大騒動を起こすには、どうすればよいかを真剣に協議した。

文久三年（一八六三）八月下旬、討幕計画が決定した。内容はこうである。

まず、上野国《こうずけのくに》（現在の群馬県）の高崎城に夜討ちをかけて乗っ取り、城内の武器を調達して近隣の同志を呼び集める。そして、一気に鎌倉街道を通って横浜に向かい、居留地の夷狄《いてき》を片っ端から斬り殺して焼き払う。この挙兵により江戸の仲間たちが横浜へ馳せ参じて騒乱状態となり、これを機に尊皇攘夷を掲げる各藩が一斉に蜂起《ほうき》する。

それに、横浜居留地の焼き討ちで多数の同胞が斬殺《ざんさつ》されれば、欧米列強による幕府への責めは生麦事件の比ではない。外国からの莫大な要求と諸藩の蜂起で、幕府は倒れるに違いない。そこで、天皇を尊ぶ強力な新政権を樹立して、攘夷を実現する。

あまりにも自分たちに都合のよい計画だが、尾高や栄一らは胸躍ったに違いない。大将は尾高で、栄一と喜作、長七郎が参謀役という体制を組んだ。参加するのは、栄一より二歳年下の従弟の須永伝蔵《すながでんぞう》を含む渋沢一族郎党と、千葉道場や海保塾で懇意になった同志らが中心である。これに農民兵を加えての六十九人であった。

決行日は、焼き討ちには風の強い頃がよいだろうと、冬至の十一月十二日に決めた。

父に勘当《かんどう》願い

十一月の実行が決まり、その時が近づく。観月《かんげつ》の祝いである九月十三日に、栄一は尾高と喜作に同席してもらい、父・市郎右衛門に勘当の願いを申し出ることにした。

世情《せじょう》の話をした後、栄一が自分の思いを話し始めた。

「この国は、間もなく大変なことが起こるに違いありません。天下が乱れる日には、農民だからといって安閑《あんかん》とはしておれません。このため、自分の生きる方向を定めて乱世に処する覚悟をしなければならないと考えております」

父はさえぎって言う。栄一が何を望んでいるのか分かっているようであった。

「そう考えるのは、お前が自分の分際を越えていわば非望《ひぼう》を企てようということだ。もともと農民の生まれなのだから、その本分を守るべきだ。今の幕府政治を論じたり、幕閣の失職に意見したりすることは構わないし、事の善悪を見分ける知恵をつけることは必要だ。けれども、身分上のことは不相応の望みを起こさない方がよろしい。身分を転ずるというのは了見違いである。どこまでも制止せねばならない」


市郎右衛門は、いつも農民の身分にあることを自らに律していた。そして、自分の考えを堅持しながら誇りを持って生きてきた。

父の「農民の身分を転じるな」という言葉に対して、栄一は言う。

「今日《こんにち》、幕府の政事《せいじ》がこうまで衰えると、この先どうなるか分かりません。もし日本が滅びるような場合も、自分は農民だから少しも関係ないと言って傍観しておられましょうか。そのことを知った以上は、安閑とはしておれません」

「だが、考えてみるがよい。儂ら農民がいくら騒いだところで、国がやることについてはどうすることもできないではないか」

「しかし、何もしなければ日本の国は悪くなるばかりです。こんな混沌とした非常な時は、少しでもよい方向をめざすべきです」

栄一は、あくまでも前向きに自ら国をよくしたいという心情を訴えた。

「いや、この国の政事をよくしようと考えること自体が思い上がりというものだ。さっきも言った通り、農民としての本分を忘れてはならないのだ」

「しかし、叔父さん……」と、同席の尾高が言葉をさしはさみ、喜作も客観的な情勢を訴え、国を憂う若者の真情と自分たちがめざす国のあり方を熱っぽく話した。

話し合いは夜明けまで続いた。空が薄明るくなると、父は折れた。

「もう分かった。お前は自分の信じるところに向かって勝手に進むがよかろう。儂は、これまでと変わらずに米や麦を作り、藍の商売をして農民で世を送ることにする。お前はそれができないというなら仕方がない。今日からお前の身を自由にしてやろう。しかし、今後は一切相談には乗らないぞ！　分かったな」

自由の身になることを許された栄一だが、「中の家」の一人息子である。跡継ぎがいなくなることは、武家だけでなく農家でも大問題であった。残る手立てはこれしかない。

「私の勝手を許していただき有り難うございます。国事に身をささげる以上は、父上や母上に対してはこの上もない不孝の次第であり、とうていこの家の相続はできません。速やかに勘当してください。そして、養子をお定め願います」

「いや、突然にお前を勘当するとかえって世間では怪しむだけだ。ともかく家を出るがよい。お前が罪を犯すことさえしなければ、家に迷惑がかかることもあるまい。今は、勘当願いを出すには及ばない。ただ、これからは、正しい道理を踏み違えずに誠意を持って事に当たり、思いやりの心を備えた志士と言われるようにするんだ。いいな！　それができたなら、お前がどのようになろうとも儂は満足だ」

幼い時に学問の手ほどきを受け、暮らしに困ることなく成長した。すべて父のおかげである。その期待に背いた息子への愛情深い戒《いまし》めに、涙を禁ずることができなかった。だが、今の栄一には、命をかけるべきことが目の前に迫っていた。もう、先へ進むしかない。

ただ、父から「お前たちは、これから一体何をするつもりなのか」としきりに尋ねられたが、「江戸に出た上で、方針を定めたいと思います」と言葉を濁すしかなかった。

九月十四日の朝、二十四歳の栄一は、喜作とともに決起に向けた最後の準備のため江戸へ向かった。先の話し合いで父が言った「今日からお前の身を自由にしてやろう」の一言が、栄一を家業から解き放ち、日本経済界のリーダーに押し上げる第一歩となる。

コラム 栄一が語る父・市郎右衛門

父は平常多く書籍を読んで居つたといふほどの人でなかつたが、四書や五経ぐらゐは充分に読め、傍ら俳諧などもやるまでの風流気のあつたもので、何時でも自分相当の見識を備へ、漫りに時勢を追ひ、流行にかぶれるといふやうな事は無かつたものである。随つて私にも十四五歳までは読書、撃剣、習字等の稽古をさせたが、当時の時勢にかぶれて武士風にばかりなつても困るからとて、家業の藍を作つたり、之を買入れたり、又養蚕の事などにも身を入れるやうにせねばならぬと、常々私を戒められたものである。（略）私は隠忍して家業に勉強ばかりして居られなくなり、国事に奔走《ほんそう》して見たいとの気を起したものだから、それとなく父に話もしたが、（略）実際の政治向の事は、その位にある人に任して置くが可いと申され、私が国事に奔走せんとするのには不同意であつたものである。

（『渋沢栄一伝記資料 別巻第七』）

第二章

栄一、幕臣になる

1 平岡円四郎――運命を変えた出会い

平岡との出会い

江戸に着いた栄一と喜作は、十一月の討幕計画実行に向けて、武具調達とともに、憂国の同志たちの参加を確認していた。こうした時に、喜作が一橋家の御用談所調方頭取《ごようだんしょしらべかたとうどり》の川村恵十郎《えじゅうろう》と知り合い、彼の勧めで一橋家側用人《そばようにん》の平岡円四郎と会うことになる。

川村は、天保七年（一八三六）七月七日の生まれで、父は旗本・川村正朝である。代々小仏関所関守《こぼとけのせきしょせきもり》の家柄であった。文久三年（一八六三）に平岡にその才能を見込まれて家臣となり、下役《したやく》として活躍していた。栄一より四歳年上である。

二人が平岡に会う経緯については、川村の日記に残されている。それによると、川村は平岡から家臣の選任を命じられ、城下の塾や道場などの門弟らで気骨ある有能な人材の情報を集めていたとある。その中に、栄一と喜作の名が既に挙がっていた。

文久三年（一八六三）九月十八日の日記に、栄一と喜作に会い二人の心意気を知った川村は、その夜、平岡に家臣とするよう強く推奨したと書いている。とすれば、二人が有為な人材であるといち早く見出したのは、川村ということになる。

水戸学の教えを身につけた栄一には、徳川斉昭の実子である慶喜は、最も親近感を持つ殿様である。その家臣の平岡や川村に強い関心を示したことは容易に推察できる。また、側用人の平岡に目通りしておけば、何か起こった際に一橋家の名前が大きな意味を持つという思いを抱いたとしても、不思議ではない。

川村の日記によれば、二人が平岡と初めて会ったのは九月二十三日である。

平岡は、文政五年（一八二二）十月七日に旗本・岡本忠次郎の四男として生まれた。後に平岡文次郎の養子となる。そして、学問所の頭取になるなど、若い頃からその聡明さは知られていた。

慶喜から有能な臣下を求められた斉昭は、家臣の藤田東湖から川路聖謨《かわじとしあきら》が薦める平岡を推挙された。嘉永六年（一八五三）十二月、平岡は慶喜の近習《きんじゅう》となった。三十二歳の時である。越前藩の橋本左内の開国論に影響を受けた平岡は、慶喜に開国を説いていた。

栄一は、初対面の平岡に尊皇攘夷の必要性や幕府の悪政など思いの丈を堂々と申し立てた。若者と国事を論じ合うのを好んだ平岡が、じっくりと聞いてから言う。

「攘夷というのは、無謀な考えだな」

この言葉に「えっ」という思いで、栄一と喜作は顔を見合わせた。水戸学を尊ぶ慶喜の側近の言葉に驚いたのである。平岡が開国論者であることを知らなかった。

「そちらは、夷狄と話したことがあるか。海の向こうには、いくつもの夷狄の国がある。そこが、どんな国で、どのような世界なのか知っているか。どうだ。儂もよく分からぬ。だからこそ、自分たちが住んでいる日本のことだけを考えていてはだめだ」

「夷狄と話したことがあるか」と聞かれても、栄一には考えもしないことであり、また、「夷狄の国」のことなど全く頭になかった。きっぱりとこう言いきる平岡に、何か魅せられるものがあった。これほど鋭く、ものの本質を平然と捉えた人物に会うのは初めてだった。さすがに、慶喜の側近中の側近である。

一方、平岡は、若き血をたぎらせながら物怖じもしないで、自説を滔々《とうとう》と述べる農民あがりの若者に、何ともいえない頼もしさと気概を感じとっていた。

「攘夷は、無謀な考えだ」という言葉に、納得し得ない思いを抱きながら屋敷を下がる二人に、「また、話しに来い」と平岡が声をかけた。

一橋家では、栄一と喜作を家来に取り立てることに決めたが、二人が農民なので岡部藩と交渉する必要があった。この面倒なことも川村が引き受けた。彼の日記には、二人を家臣にしたいとの強い思いが綴《つづ》られている。

ところで、栄一らの周辺は、五月に江戸へ来た時とは様変わりをしていた。栄一と喜作が郷里で秘密裏の会合を持った後、急いで武士の身なりで江戸に向かったことを関八州《かんはっしゅう》の役人がつかんでいたのだ。逆に二人も、役人らの動きを何となく感じとっており、自らの身の安全を確保するには、当初考えていたように一橋家の威光を必要としていた。

十月二十日、二人は平岡を再び訪ねた。挨拶をすませた後、栄一は大見得を切った。

「この不穏な世の中、何が起こるか分かりませぬ。一橋家に事ある時には、壮士《そうし》を五、六十人率いてお家のために馳せ参じる覚悟でございます」

「それは有り難いことだ。その時は、よろしくお願いしよう。そちたちと論じて、国のために尽くしたいという心がけはよく分かった。残念なのは身分が農民であることだが、幸い一橋家に仕官する道がある。この度、儂は殿様が京へお上《のぼ》りになるのでお供することになった。どうだ、そちたちも一緒に京へ行かぬか」

二人の器量を承知していた平岡は、京へ同行することを勧めた。だが、翌月の決起を控えて、これはできない相談である。

「そう言われましても、いま直ぐに行くわけにはいきません」

「そうか、では後からでも来ればよい。その時は、儂の家臣として来るがよかろう」

栄一と喜作は、この言葉に思わず「しめた」と顔を見合わせた。訪れた甲斐があった。何かの際には「一橋家の平岡」の名が使える。してやったりの顔で屋敷を後にした。この時、平岡との出会いにより自分の運命が大きく変わることなぞ、栄一は知るよしもない。


平岡が、農民である二人を家臣にしようとしたのは、御三卿が抱える事情による。御三卿とは、第八代将軍・吉宗がつくった田安《たやす》家、一橋家、清水家をいい、御三家とともに将軍家に後継者を出す役割を担った。幕府からは十万石が給されたが、領地は諸国に分散し、家来は幕臣のみである。家老は名誉職で、政務の実権は側用人が握っていた。

筆頭側用人の平岡は、重要な役目を担う主君や自らの手足となる家臣を求めていた。農民あがりでも気骨があり、才にたけていれば積極的に取り立てる必要があった。

尾高長七郎、計画中止の訴え

栄一と喜作が、江戸から血洗島に戻ったのは十月下旬である。そして、同じ頃、長七郎が、一年八か月ぶりに京から帰郷した。

長七郎が京にいたのには訳があった。彼は、前年の一月十五日、安藤老中が襲撃された坂下門外の変に関与していた。当初、安藤の暗殺計画を企てたのは、水戸浪士らと儒学者・大橋訥庵《とつあん》が率いる若者たちである。だが、実行直前に大橋らが捕まった。

長七郎は、その大橋一派に加わっていたのだ。兄の尾高が粘り強く説得し、決起への参加を断念させた。だが、事件後も、幕吏は徹底的に参加者を洗い出しており、彼の身に危険が迫っていた。それを知らずに江戸へ向かった長七郎の後を、栄一は急いで追いかけた。そして、熊谷宿で会えた彼に京へ逃れて身を隠すよう進言していたのである。

文久三年（一八六三）十月二十九日の夜、尾高家の二階に、尾高をはじめ、栄一や長七郎、喜作が集まり、海保塾の塾生で同志の中村三平も加わった。階下では、尾高の末弟・平九郎が見張り役として外の動きに気を配っていた。

初めに、尾高は自ら墨書《ぼくしょ》した「神託《しんたく》」と称する檄文《げきぶん》にふれ、若き憂国の志士たちの熱き思いを大いに燃えたぎらせた。そして、計画の具体的な戦術の確認や、参加者六十九人の配置などの手はずを決めようと評議を始めた。

　すると、長七郎が思いつめた表情で口を開いた。

「この計画は暴挙である。中止すべきだ」

「何だと！」皆がつめ寄った。

　思いもよらない突然の一言に、誰もが驚いた。強硬に尊皇攘夷を訴えていた長七郎の言葉とは信じられなかった。彼こそが、真っ先に賛同すると思い込んでいたからだ。

「中止すべきだと、今さら何を言うか！」

「長七郎、命が惜しくなったのか！　卑怯者め！」

　皆の怒号《どごう》が飛び交う中で、長七郎は確固とした口調で言う。

「これは無謀な計画だ。たとえ、高崎城を乗っ取ることができても、横浜に向かうことなど思いもよらないことだ。直ぐに幕府や近くの藩兵に討伐されることは明らかだ。それに、運よく横浜の外国人居留地にたどり着いても、彼らは最新式の銃で迎え撃つのに、訓練もされていない農民兵が、刀や槍でどうやってやつらを殺せるのか」

長七郎は、この年の八月、公武合体派が尊皇攘夷派を京から追放した政変を目の当たりにし、また、大和国《やまとのくに》で起きた「天誅組の変《てんちゅうぐみ》」の顛末《てんまつ》を知っていた。これらを栄一たちに話す彼は、もう以前のような過激な攘夷論者ではなかった。

天誅組の変は、幕府に対する初めての武力蜂起である。天誅組は、土佐藩を脱藩した吉村寅太郎ら尊攘派の浪士ら三十八人で結成され、攘夷派公卿《くぎょう》の中山忠光を盟主とした。八月十三日、孝明天皇が攘夷を願う大和行幸《やまとぎょうこう》の詔勅《しょうちょく》が発せられた。天誅組は、その先鋒となるべく大和国に入り、幕府領の五條《ごじょう》（現在の奈良県五條市）の代官所を打ち破り天朝《てんちょう》直轄地とした。十八日、五條新政府の樹立を宣言する。

だが、同じ日、京では「八月十八日の政変」が起こっていた。会津藩や薩摩藩らの公武合体派が、尊皇攘夷派の長州藩を京から追いやったのだ。朝廷の主権が公武合体派に移り、尊攘派の三条実美《さねとみ》や澤宣嘉《のぶよし》ら公卿が京から追放された。いわゆる七卿落ちである。

天皇の大和行幸が中止となる。天誅組は朝廷と長州藩の後ろ盾を失い、尊皇攘夷という挙兵の大義名分さえも意味がなくなった。そして、幕府の討伐命令を受けた紀州藩や津藩などの兵士約一万四千人の攻撃に、天誅組は壊滅する。挙兵から四十日ほど後の九月二十七日のことである。

「だからといって、今から農兵の訓練を行っていては、いつになっても大事《おおごと》は遂げられない。我らは天下の志士に率先することを任じていたはずだ。たとえ、敗れて死ぬことがあっても、同志らが奮起して幕府を倒すまでだ。その礎《いしずえ》となるのではなかったのか」

栄一や喜作は激高しながら、まくし立てた。長七郎も負けじと熱弁をふるう。

「京では、幕府が力を盛り返している。天下の形勢からみれば、この計画が無謀なことは間違いない。農民一揆と同様にみなされ、愚挙だと世間の物笑いの種になるだけだ。また、万が一、幕府が倒れれば、これが好機と異国が干渉してくるに違いない。皇土《こうど》が汚《けが》されれば、国の恥辱《ちじょく》以外の何ものでもない。これは、即刻やめるべきだ」

「あれほど尊皇攘夷を訴えていた長七兄さんが、中止せよとは何事ですか。我らはどんなことをしても必ず決行する」

「いや、それはだめだ！　俺は命を賭《か》けてでもやめさせる。犬死にするだけだ」

「我らは、この計画にすべての力を費やしてきたのだ。犬死にと言われようがやる！」

激しく応酬し合う長七郎と栄一らは、今にも刺し違えるのではないかと思えるほど興奮状態になる。尾高は、双方の間に入った。

「今、直ちに是非を決しなくてもよいだろう。もう一度、改めて協議することにしよう」

時間が経つと、気持ちが落ち着き、栄一に考える余裕ができた。そして、長七郎の言い分に大いに理があることを理解した。自分たちは、決めた討幕計画をどう決行するかばかりを考えており、京での政変など幕府の現状を十分に把握していないことに気づいたのだ。あくまでも、冷静に現実を見つめる栄一であった。

再度の討議の場で、栄一は非礼な言動をわびた。長七郎が言うように計画の実行には無理があり、機をみて改めて練りなおす必要があると、他の者を説得した。討幕にすべてを賭けていた栄一だが、自らの考えの誤りを素直に認めた後は、決断も早かった。

そして、尾高は「今しばらく、天下の形勢を見ることにしよう」、この度の決起は中止すると宣言した。こうして、心を沸きたたせながら謀議を重ねてきた企ては消えた。

後年、栄一は、その時のことをこう述懐《じゅっかい》している。

「長七郎の命を張った反対がなく、予定通りに計画を実行していたならば、間違いなく同志全員が討ち死にしていただろう。命拾いをしたよ」

喜作と京へ出奔

討幕実行を断念した栄一らは、同志たちに準備金の残りを支払い納得してもらった。尾高は、集めた武器などの後始末に奔走する。しかし、江戸から遠く離れた田舎でも、このままでは済まない状況にあった。捕縛《ほばく》される危険が間違いなく高まっていた。

名主の尾高は村を出るわけにはいかない。長七郎は、帰郷したばかりだから疑われないだろうと、村で撃剣の指南をすることになった。あとは、栄一と喜作である。

二人は京へ行くことにした。政変が起きた京で、自ら天下の形勢を見ることが必要だと考えてのことだ。周りには伊勢神宮に参拝し、京見物に行くと吹聴《ふいちょう》して村を後にした。十一月八日のことである。

この時、ちよは夫らの秘密裏の行動をおよそ察していた。そして、何も言わずに京へ向かう夫の姿に泣き崩れた。傍では、八月に生まれたばかりの長女・歌子が無心の寝顔を見せている。妻に済まない気持ちで一杯であったが、とるべき道はこれしかなかった。

故郷を去る際、栄一は父へこれまでのことをすべて話した。その父が温情を込めて言う。

「今から伊勢や京に行くとなれば金がいるだろう。ここに百両あるから持って行くがよい。ただ、これからは、決して自分勝手な思い込みや感情のみで動くでない。正しい行動だと思えても、十分に自重《じちょう》して身を誤ることのないようにするんだ。分かったな！」

栄一と喜作は、武士の身なりで江戸へ向かい、一橋家の平岡を頼ることにした。これは、ある意味で当初から想定された行動なのだが、考えられる最善の自衛策である。二人は一か月前に、「一緒に京へ行かぬか」と言われたことを忘れてはいなかった。

十日に江戸へ着くと、根岸の屋敷を訪ねた。平岡は、やはり上洛《じょうらく》を命じられた慶喜に同行しており留守であった。二人は、自らの身がどうなるかの瀬戸際であり、必死の思いで家臣に事情を話した。しばらくして奥から出てきた妻女《さいじょ》が、平岡からの伝言を言う。

「もし、渋沢が家来にしてもらいたいと来た時は、いつでも許して差し支えない。また、京の屋敷を訪ねるように申し伝えよ」

そして、預かっていた先触《さきぶ》れの書状と通行手形を手渡してくれた。まさに、天は見捨てなかった。平岡は、二人に会った時からこの行動を見抜いていた。また、栄一と喜作が彼の目にかなうだけの有能な人物であったからと言えるであろう。

平岡の家来としての道中は、何の心配もなかった。二十五日に京へ着いた。栄一と喜作は、三条小橋脇の「茶久」という高級旅籠《はたご》に落ち着くと、お礼の挨拶のために平岡の屋敷を訪ねた。だが、仕官するつもりはない。

十二月に伊勢神宮へ参詣《さんけい》に出かけ、翌年の文久四年（一八六四）一月に京へ戻った。将来の展望もなく遊びながらの生活であるため、父からもらった百両を使い果たしてしまう。仕方なく、一橋家側用人の猪飼《いかい》正為から金を借りて暮らしていた。

一橋家の家臣に

二月初旬に思いもかけないことが起こった。長七郎からの手紙が届いたのだ。何事かと開けてみて、二人は驚愕《きょうがく》した。

江戸小伝馬町《こでんまちょう》の牢屋からである。手紙によると、栄一と喜作からの書状で京へ行くことにした長七郎が、中村三平ら二人と江戸へ向かった。中山道の戸田の渡しを過ぎたあたりで、長七郎が奇声をあげながら前から来た飛脚を一刀のもとに斬り殺した。まさに早業であった。このため、三人とも捕まり、牢に入れられたというのだ。

長七郎は、キツネが襲いかかってきたので斬ったとのことだが、なぜ、そんな幻覚を見たのか。この挙動に、栄一は胸騒ぎを覚えた。

問題は、長七郎が持っていた栄一たちからの書状である。これには京における朝廷や幕府などの動きとともに、「近く、幕府は必ず行き詰まるに違いない。我らが国のために力を尽くすのはこの時だから京へ来てほしい」とあった。幕府の忌諱《きい》に触れる書状が幕吏に押収されたのだから、どうしようもない。

長七郎からの手紙の最後には、「書状が見つかり、二人に嫌疑が掛かるかもしれない。十分に身辺を警戒せよ」とあった。名前は偽名を使っているとはいえ、よく調べれば誰が出したのか直ぐに分かるはずである。

読み終わった二人は、不安に襲われ、しばらく顔を見合わせたまま言葉も出なかった。これでは討幕計画が明るみになり、尾高なども捕まり全員が打ち首となる。こうした思いが栄一と喜作の頭の中を駆けめぐっていた。

「こんなことなら、あの時、計画を実行して高崎城で討ち死にした方がましだった。もはや京にいても仕方がない。早く田舎へ帰って、惇忠兄さんらと救出策を考えよう」

「いや、下手に動けば、あの計画がばれてしまうかもしれない。ともかく相手は幕府だ。一旦牢に入れた者を、簡単に放免するわけがない。さて、どうしたものか」

さすがの栄一も、自分の手紙が幕府側に渡ってしまっては、どうすることもできない。誰に相談すればよいのか、京では考えつかずに「万事休す」の状況となった。安閑と過ごしていた二人の身は、一転した。あれこれ思い考えて一睡もせずに朝を迎えた。

朝、平岡から屋敷に来るようにとの使いが来た。こんな時に何事かと急いで行くと、奥座敷に通された。厳しい顔つきの平岡は、二人に強い口調でいきなり問い詰めた。

「そちたちに少し確かめたいことがある。これまで人を殺《あや》めたことはないか。どうだ、本当のことを話してみよ」

突然の詰問に、栄一と喜作は不安な面持ちで顔を見合わせた。

「いいえ、そのようなことはございません」

「そうか。けれども、何か企んだことがあるのではないか。他でもない、儂とそちたちとの仲だ。悪いようにはしないから何事も隠さずに話してみよ」

長七郎からの手紙に関することなのか、それとも、故郷での討幕計画が知られてしまったのか。二人の頭の中はどう答えるべきか、その言葉を探し求めていた。

だが、今の栄一たちは、もう平岡にすがるしかない。こうして京に来られたのも平岡のおかげである。ここに至っては知らぬ存ぜぬというわけにはいかない。

「実は、我らの仲間が飛脚を斬り殺したために、幕府の手に捕らえられて牢につながれたとの手紙が昨日届きました。なぜ、そのようなことになったのか、また、これからどうすればよいのか、思案にくれているところでございます」

「そちらの仕業《しわざ》ではないのだな。人を斬ったというのは何という者だ。どういう間柄か」

「はい、尾高長七郎といい、剣術家をめざしている者です。私の妻の兄に当たります」

栄一が答えた。

「そうか。ところで、両人は、そやつらと何か大事を企んでいたのではないのか」

こう聞かれたところで、平岡が何もかも承知の上だと分かった。隠し立てをしても仕方がないと考え、昨年の討幕計画の内容や中止に至った経緯などを話した。また、京に来たのは、自分たちの身が危なかったためだと打ち明けた。

そして、人を殺した長七郎が捕まり、二人からの書状が幕府の役人に押収され、そこには、幕府が行き詰まるに違いないから京へ来るようにと、書いたことを述べた。

これまでの経緯を素直に語る栄一と喜作を見て、満足そうな面持ちの平岡は言う。

「それで、あい分かった。実は今日、二人を呼んだのは、そちたちについて幕府から問い合わせがあったからだ。幕府においては大体のことを探知しているようだ。ただ、京へ上る際に儂の家臣としていたので、親藩《しんぱん》（徳川家一門）の手前、渋沢両人が本当に家来なのかを確認したいとのことだ。さて、どうしたらよいものか」

平岡は、栄一と喜作がどう返答するのか楽しみだと言わんばかりの顔をしながら聞いた。

しかし、今の二人には、「さて、どうしたらよいものか」と問われても答弁するだけの余裕はない。ただ、下を向いてかしこまるしかなかった。

「幕府は、そちらが儂の家臣ではないことは承知をしているようだ。まあ、一橋公に配慮しての問い合わせだ。儂からは家来であると偽って答えるわけにはいかない。さりとて、ありのままを言えば、直ちに捕縛されて打ち首になるやもしれぬ。正直困っているのじゃ」

二人は微動だにしない。

「儂はそちらが惜《お》しいのだ。尊皇攘夷を果たしてお国の役に立ちたいという思いが分かるだけにな。そこで、どうじゃ、これまでの節《せつ》を曲げることになるが、思い切って一橋家に仕官してみないか。そちたちも承知の通り、我が殿様は有能なお方だ。一命を託してみるだけのことはあるぞ。また、その方が二人にとっても得策だと思うがな。家臣になるなら、幕府方にその旨を伝えて両人に手出しはならぬと返答しよう」

栄一と喜作は「助かる」と思った。だが、牢につながれている長七郎のことを思うと、即座に答えることはできない。そして、しばらく考えてから言った。

「これは、我らの二人の出処進退に関わることでございますので、よくよく相談しとうございます。今しばらく考える時間をください。明日にでもご返事申し上げます」

二人は屋敷を後にした。


平岡が「一橋家に仕官してみないか」と言ってくれるのは有り難かった。だが、御三卿の一橋家の禄《ろく》を得るというのは、あまりにも命惜しさの変節漢ではないのか。また、今さら尊皇攘夷の考えを捨てることなどは、男の体面としてできない。しかし、一橋家に仕えなければ、皆が捕らえられて打ち首になるだけだ。

喜作は頑固《がんこ》であった。

「俺は、江戸に帰り何としてでも獄中の同志を助け出したい」

「いや、それはとても無理だ。でも、一橋家の家臣になれば、助け出すよい手立てが見つかるかもしれない。卑怯とか変節漢と罵《ののし》られてもいいではないですか。喜作兄さん」

栄一は、先を見すえながら、現実においてどうすべきか考えて必死に説得した。

翌日、平岡を訪ねた。

「両人でじっくりと相談しました。平岡様のお勧めのとおり、二人とも一橋家にお仕えすることにします。どうぞよろしくお願いします」

コラム　栄一が語る平岡円四郎

私を一橋家に推挙して慶喜公に仕えるようにしてくれた人は平岡円四郎という人であるが、この人は実に一を聞いて十を知り、眼から入って鼻に抜けるぐらいの明察力があった。来客があるとその顔色を見て、何の用向きで来たということを、即座に察知するほどであった。こんな明敏の人は、あまりに先が見えすぎて、とかく他人の先回りをするから、自然他人に嫌われ、ひどい目に遭ったりするものである。

（渋沢栄一『孔子　人間、どこまで大きくなれるか』）

2　徳川慶喜――永遠の「主君」

一橋慶喜に拝謁

栄一と喜作は一橋家に仕官することにしたが、このままでは面目が立たない。

栄一は言う。

「私どもは元農民でありますが、一介《いっかい》の志士と任じており、初志を翻《ひるがえ》してまで仕官したいとは思っておりません。ここに我ら二人の愚見を記《しる》した書がございます。これをお殿様にご覧いただいた上で、召し抱えられるかどうかのご判断をしていただきたいと存じます」

「そうか、それは面白い。何なりと出してみよ」

昨晩、一橋家のために栄一と喜作が考え抜いた策を認《したた》めたものである。

「この非常な時局においては、幕府や朝廷の重要な任務を果たすために幅広く有為な人材を登用《とうよう》すべきである。そして、これらの者を適した役職につかせて、有する能力を最大限に生かすことが肝要である」との趣旨であった。

平岡は、一読して納得した様子であった。

「もう一つ、お願いがございます。ぜひ、お殿様にお目にかかりたいのですが……」

栄一がそう言うと、平岡の表情は一変する。

「それはできぬ。家来にもなっていないそちたちを会わせるなど、とんでもないことだ」

「それがだめなら、我らも仕官をお断りするしかございません」

「まったく、困ったことを言うやつだ」

武士社会では身分がすべてであり、「御目見《おめみえ》以下」という低い身分の家来は、殿様の顔さえ見ることができない。ましてや、家臣でもない栄一らの申し出は、たとえ平岡であっても到底受け入れられることではなかった。

とはいえ、こういう難題を平然として交渉事にする栄一と喜作に、平岡はたくましさを感じていた。二、三日後に二人を呼んだ。

「近々、殿様が馬に乗って松ヶ崎に出かけることになった。その時に馬の前を走れ」

慶喜の目に留まるようにするためである。当日、二人は、それっとばかりに慶喜の馬の前を駆け抜けた。背が低く、小太りで走るのが苦手の栄一には、この千メートルほどの距離がとても長く感じられたに違いない。

この後、平岡の配慮で非公式に拝謁が許された。京都三条の若州《じゃくしゅう》屋敷の小さく質素な書斎に通された。栄一は、三歳年上の殿様に遠慮することなく思うところを述べた。

「恐れながら申し上げます。今日、幕府の命運は尽きたと言える有り様でございます。お殿様がその補佐をされておりますと、自ずと一橋家も命運をともにする恐れがございます。今は、遠く離れたところからお助けする他に策はないものと存じます。

また、このような天下多事の時にあっては、天下を治めようとする人や、また天下を乱そうとする人もいますが、その天下を乱す人こそは他日天下を治める人となります。それゆえ、天下を乱すほどの力量のある人物を、館《やかた》にお集めになることが肝要かと存じます」

主君は、静かにふんふんと軽くうなずくだけで何の言葉もなかった。やや興味を持ったように思えただけである。初めての拝謁はあまりにも身分が違いすぎた。それだけに、威厳に満ちカリスマ性を秘めた慶喜のオーラを強く感じとる二人であった。

文久四年（一八六四）二月、栄一と喜作が、一橋家の家臣（武士名は、栄一が篤太夫《とくだゆう》、喜作が成一郎《せいいちろう》）となった。栄一、二十五歳の時である。岡部藩の陣屋での屈辱的な事件で、心に誓った「武士になる」という願いが実現した。

これは、近代日本の経済界の指導者となる栄一の人生において、最初の大きな転換であった。

初めての役目と平岡の死

二人の役職は奥口番《おくぐちばん》であった。これはいたって身分の低いものだ。任務は、一橋家の外交用務を取り扱う御用談所の下役で、上洛する諸藩の役職者や留守居《るすい》役などの意見を聞いたり、諸藩の形勢を探知したりすることである。川村の配下として働いた。

御用談所脇の古い長屋を借りて自炊生活を始めた。だが、富農生まれの二人には、炊事や洗濯の経験が全くない。何度も失敗を繰り返しながら交代で行った。また、一組の布団に二人でくるまって寝るなど、生活費を徹底的に節約した。猪飼からの借金二十五両ばかりは、四、五か月で全額返した。律儀で誠実な二人の心掛けに、猪飼は大変驚いた。

栄一は、苦しい境遇を見て快くお金を貸してくれた恩義を決して忘れなかった。明治になり、猪飼の息子・正雄が大蔵省に勤めた際、薄給の彼に何かと助力した。また、その正雄からは、地方の勤務先の名物などが送られてきたが、それに対する栄一のお礼の手紙を読むと、彼の子どもの名付け親になっていたことが分かる。ここにも、栄一らしい人柄が出ている。

栄一は、後に喜作との共同生活について「とにかく、二人とも炊事などをしたことがなかったので、最初は失敗ばかりで大変だった。また、ネズミが多くてとにかく困ったが、捕まえて食ってみると、コリコリしていて割とうまかったよ」と述懐している。

栄一の初仕事は、平岡の密命によるものだ。薩摩藩の築城家である折田要蔵の門下生となり、同藩の動向を探ることである。

幕府は、京を守護するため摂海《せっかい》（大坂湾）に防禦《ぼうぎょ》台場（砲台）を築く必要があり、折田にその御用掛を命じていたのだ。

当時、薩摩藩の実力者・島津久光は官職に就いていなかった。最強の薩摩軍を有する島津が、禁裏《きんり》（御所）御守衛総督《ごしゅえいそうとく》と摂海防禦指揮の役職を狙っているとの情報が、密かに平岡の耳に入っていた。一橋家としては、その動きを注視する必要があった。

禁裏御守衛総督は、現在で言えば、天皇などの皇族や皇居を護衛する皇宮《こうぐう》警察本部長であり、摂海防禦指揮は、大坂湾の沿岸警備隊長となる。島津の狙い通りになると、慶喜の将軍後見職が全く意味をなさない。平岡は、絶対に阻止しなければならなかった。

二月二十五日、栄一は川村の知人を手蔓《てづる》にして、折田の内弟子として潜り込んだ。築城学を学ぶという名目である。最初は大変であったが、次第に仕事を十分にこなし、折田の信用を得るまでになった。そんな栄一であるが、彼の言動については絶えず注視していた。

また、大坂の宿に出入りしていた同藩の三島通庸《みちつね》（後に警視総監）や川村純義《すみよし》（後に海軍卿）らと懇意になった。彼らから、折田の島津への進言や西郷隆盛への意見書などに関する情報も得られた。栄一は、これらから薩摩藩が「摂海防禦への積極的な取り組みを天下に知らしめようとしている」と報告した。平岡は先手を打つことにした。

慶喜自らが、その任を申し出たのだ。三月二十五日、禁裏御守衛総督・摂海防禦指揮を朝廷から命じられた。これは朝廷直属の職であり、将軍と同様の立場になったとも言える。

これに伴い、将軍後見職の任は解《と》かれた。

四月に京へ戻った栄一が、平岡からお褒めの言葉をもらったのは言うまでもない。

翌月、栄一と喜作は、関東人選御用の任を命じられた。かねてから軍備の増強と充実を建言《けんげん》していた二人は、地理に明るく、知人も多い関東で兵士の任用に当たることになった。

一橋家の所領は、八国で十万石ほどである。関東では、武蔵国と下総国《しもうさのくに》、下野国《しもつけのくに》にそれぞれ領有地があった。一橋家の家臣としての関東への下向《げこう》は、本来であれば堂々と胸を張れる。だが、半年前まで討幕を掲げていた二人である。幕府側の一員となって帰ることに複雑な思いが交錯《こうさく》していた。

二人は江戸に着いて直ぐに、長七郎の救出を試みた。側用人の黒川嘉兵衛《かへえ》に、勘定吟味役の小田又蔵宛への長七郎の赦免《しゃめん》依頼文を書いてもらっていた。小田に会ってその旨を願い出たが、殺人の現行犯であることから面会も許されなかった。

長七郎は、小伝馬町の牢でも手紙の差出人の本名を白状しなかった。そして、石責めなどの刑を受けたが、その激痛に耐え抜いたという。なんとか、小田の骨折りで牢内での待遇がよくなったのが、せめてもの救いであった。

栄一らは兵士の選任に専念することにした。千葉道場や海保塾をはじめ、知っていた道場などを訪ね歩いた。しかし、あらかじめ目星をつけていた同志の多くが、水戸藩尊攘派が率いる天狗党に加わっていた。結局、領内で集めた農兵四十人を含め、五十人ほどしか集められなかった。

この中に、従弟の須永伝蔵がいた。須永は、栄一の父の妹・きいの長男である。市郎右衛門は、七歳の時に父を失った甥を引き取り、農業の手伝いをさせながら栄一と同様に文武の道を学ばせた。

栄一は、故郷の様子を知りたくて尾高の家に使いをやった。すると、天狗党の同志が尾高の自宅を訪ねたことから、尾高がその関係を疑われて岡部藩の牢屋に入れられたという。末弟の平九郎も手錠をかけられ「宿預り」になっていた。また、血洗島村では、藩が京に逃れた二人を謀反人扱いにしており、今も悪評がたっているとのことであった。

栄一と喜作は、田舎に立ち寄ることを諦め、それぞれの父と会ったのは妻沼《めぬま》（現在の埼玉県熊谷市）の宿である。前年の十一月初めに故郷を出て以来のことだ。

また、新兵を連れて京へ戻る際に深谷宿に泊まった栄一は、隣村の親類の家でちよと歌子に会った。わずかな時間である。歌子が二歳という可愛い盛りにあるが、抱きしめることしかできなかった。妻に申し訳なく我が子を不憫《ふびん》に思うが、今は我慢するしかない。だが、この時、栄一とちよは、再び会えるのが四年後になるとは思いもしなかった。

故郷の変わりように驚いた二人だが、何よりも茫然自失《ぼうぜんじしつ》となったのは、平岡が六月十六日に暗殺されたと聞いた時である。

世情がますます物騒となり、京や江戸での暗殺事件などは珍しくない。だが、二人にとっては大恩人である平岡が殺されたとは信じられなかった。京を出立する際、午餐《ごさん》をともにし、巡回の心得を諭して見送ってくれた、あの平岡にもう会えないのだ。

家老・渡辺孝綱の宿を訪ねた帰りに、平岡は水戸藩士に襲撃されて落命《らくめい》した。

「天下の権《けん》、朝廷にあるべくして幕府にあり、幕府にあるべくして一橋にあり、一橋にあるべくして平岡にあり」とまで言われていた。

平岡は、強硬な攘夷派から「慶喜が攘夷を行わないのは、開国派の平岡がいるからだ」として、命を狙われていることは十分に承知をしていた。主君とともに、新たな時代を築く前に、生涯を閉ざされたことは誠に無念であっただろう。

慶喜が最も信頼していた側近中の側近である。仕えること十余年の平岡が、よりにもよって身内の水戸藩士に殺されたことは、耐え難き思いであった。まさに、自らの片腕をもぎ取られたほどの悲しみと悔しさであったに違いない。

ただ、慶喜の痛恨の極みは平岡の死だけではない。前年の文久三年（一八六三）十月二十三日、側用人の中根長十郎が急進派志士により暗殺された。また、平岡の後を継ぐ原市之進は、慶応三年（一八六七）八月十四日、幕臣に襲われて命を落とす。薩長藩らの倒幕派と対峙《たいじ》する将軍として、原の力量を最も必要としていた時である。

有能な家臣三人が身内らに殺害された慶喜は、維新の陰謀渦巻く時代の流れに一人で立ち向かわざるを得なくなった。これは、ある意味、権謀家《けんぼうか》である慶喜ゆえに、側近が主君を操る奸臣《かんしん》とみなされたことによる悲劇であったと言えるだろう。

栄一にとっては、私情のない優れた人格者の平岡と身近に接したことは大変な幸運であった。知り合ってから九か月ほどであるが、彼は、人をよく理解し、自分にないものは進んで人に求めて、意見が違っても才能のある者を重用《ちょうよう》した。

各人の素質を見抜いた平岡は、その人をうまく生かしながら突き進む道を開いてきた。水戸藩尊攘派の原市之進や梅沢孫太郎を開国派に転向させて、原を自らの後継者に育てた。栄一も、あれほど嫌っていた夷狄や異国のことを考えるようになっていた。

平岡からこうした手法を学んだ栄一だからこそ、後に長く実業界の指導者として君臨し、数多くの有能な経済人を育成できたと言えるのではないだろうか。

元治元年（一八六四）七月十九日に起きた「禁門の変」の知らせが、江戸に届いた。栄一らは平岡の死に落胆しながら、九月初めに新兵を引き連れて急いで京へ戻る。

翌年の一月には、小十人並《こじゅうにん》となった。これは「御目見以上」で、慶喜に拝謁できる身分である。

栄一と喜作がとんとん拍子に出世するのには、それなりの理由があった。

薩摩や長州などの雄藩では、国の行方《ゆくえ》を見据えて、自らの考えを持つ有為な人物であれば、下級武士であろうが郷士《ごうし》であろうが積極的に登用していた。また、独自の藩校や郷校を設けるなどして人材の育成に力を入れた。

雄藩と対等に渡り合うために、幕府は、旗本や御家人の若き有能な人材を選びたかったが、長き太平の世にあって気概のある者はほとんどいなかった。幼い頃から勉学や武術に励み、天下国家のために働くことをめざした草莽《そうもう》の民の栄一と喜作が、一橋家の家臣となり、この千載一遇のチャンスを見事につかんだのである。

天狗党の乱と慶喜

水戸浪士らによる暗殺事件で最高実力者らを失った幕府は、一段と弱体化していく。一方、もともと派閥争いの絶えなかった水戸藩では、これらの事件が尊攘（改革）派と門閥《もんばつ》（保守）派との亀裂を深めていた。しかも、尊攘派が激派と鎮《ちん》派《は》に分裂していた。これが大事件を起こす要因となる。

文久三年（一八六三）三月、将軍・家茂《いえもち》が二百二十九年ぶりに上洛したが、これに先立ち、慶喜や水戸藩主の徳川慶篤《よしあつ》も上京した。そして、慶篤にお供した藤田小四郎が京の空気に触れたことが、悲劇をもたらす事件の発端になる。

当時の京は、尊皇攘夷一色であった。藤田は、父・藤田東湖が説いた思想が国士たちに熱烈に支持されていることを知る。京を握っていた長州藩の桂小五郎（後の木戸孝允《たかよし》）や久坂玄瑞《くさかげんずい》らと交流を深め、両藩が相呼応して攘夷の旗をなびかそうと誓い合った。

天皇から攘夷を促された家茂は、五月十日を実行日とした。だが、その当日になっても幕府は何もしなかった。攘夷は無理だと承知していたからだ。しかも、京では八月十八日の政変が起こり、長州藩ら尊攘派が一掃され、公武合体派が権力を握った。

元治元年（一八六四）三月二十七日、尊攘激派の藤田は、幕府に攘夷を促すために筑波山で天狗党を挙兵した。藤田は弱冠二十三歳である。当初、六十人余りであったが、郷士や農民のほか、他藩の浪士らが次々と加わり千人を超えることもあった。

幕府は、天狗党の動きが尊皇攘夷を掲げる長州藩などと連携して、全国規模の争乱に至ることを危惧し、六月九日、関東諸藩に天狗党討伐令を出した。また、水戸藩保守派は、討伐軍を編成するとともに、弘道館の書生が中心の諸生《しょせい》党を結成した。

七月七日、下妻《しもつま》（現在の茨城県下妻市）に集結した水戸藩の討伐軍や諸藩の軍と、天狗党との戦いが遂に始まる。この後、各地での攻防は一進一退となるが、次第に天狗党は劣勢になっていく。

天狗党は、十月二十六日に元家老の武田耕雲斎《こううんさい》を総大将とし、上洛することを決める。天狗党の決起があくまでも尊皇攘夷にあるという真意を、慶喜から朝廷に伝えてもらい、賊の汚名を晴らそうと考えたのだ。

十一月一日、大砲や鉄砲を備えた天狗党の軍勢が、大子村《だいご》（現在の茨城県大子町）に集結し京に向かう。だが、禁裏御守衛総督の慶喜は、幕府が逆賊《ぎゃくぞく》とした天狗党を入京させることはできない。ましてや身内の水戸藩である。

慶喜は、早期に事態の収拾を図ろうとし、十二月三日、自ら天狗党討伐軍を率いて大津に向かった。この時、栄一は討伐軍に加わっていたが、喜作は、慶喜の命を受けて天狗党の動きをさぐる斥候《せっこう》役を務めていた。


中山道を進む天狗党は、先々の諸藩との争いに勝利する。美濃の揖斐《いび》に着くと、彦根藩と大垣藩の大軍勢が前面に待ち構えていた。特に彦根藩は、元藩主の井伊直弼の仇として強い敵意を示していた。

天狗党は、負傷した兵士を斬首《ざんしゅ》し、悲壮な覚悟で北国街道へと行路を変えた。この山越え行軍は、経験のない雪国の激しい吹雪の中で想像以上に厳しい道のりであった。

十二月十一日、疲労困憊《こんぱい》の体でようやく越前に入り、敦賀《つるが》北方の新保《しんぼ》に着いた。その時、対峙する加賀藩から、慶喜が京から討伐軍を率いると知らされて愕然《がくぜん》とする。命運尽きた天狗党八百二十三人は、加賀藩に投降した。

幕府は、元治二年（一八六五）二月四日を最初に、武田や藤田ら三百五十二人の首をはね、他は流罪や追放などの処分に科した。さらなる挙兵を防ぐためのかつてない厳刑であった。

これで藩の実権を握った諸生党は、天狗党に加わった者の家族などをことごとく殺害した。しかし、水戸藩の惨劇《さんげき》は、これで終わったわけではない。

明治新政府が樹立すると、朝廷から諸生党に対する追討令が出された。京・水戸藩の尊攘派や天狗党で生き残った者たちが続々と帰藩する。彼らは、復讐の鬼と化して諸生党の面々を襲撃し、殺戮《さつりく》を繰り広げた。悲劇が、更なる悲劇を生んだのである。

こうして、水戸藩は有能な藩士をすべて失う。その結果、尊皇攘夷思想を生んだ東国の雄藩からは、明治新政府にただの一人も主要官僚を送り出すことができなかった。

姻戚になる阪谷朗廬《さかたにろうろ》との論争

元治二年（一八六五）二月、栄一は、歩兵取立御用掛を仰せつかった。今度は、喜作と一緒ではない。栄一だけで西日本の領地で募兵を行うことになった。

備中《びっちゅう》の後月《しつき》郡井原《いばら》村（現在の岡山県井原市）の陣屋へ向かう。小十人並の栄一は、長棒の駕籠《かご》に乗り、槍持や合羽籠《かっぱかご》などの兵士らを従えた。二十六歳の時である。

三月八日、井原村の陣屋に到着すると、代官をはじめ、領内の庄屋十余人がひれ伏していた。募兵の重要性を説明し、その用を申しつけたが、代官は栄一自身による勧誘を促した。ムッとしたが、あの岡部藩での苦い経験から、それに従った。

連日、庄屋などを呼んで歩兵取立の主旨を懇切に説明してみた。だが、誰一人として応募する者はいない。あまりにも意外である。栄一は、何か裏に事情があるに違いないと察知して、側面から探《さぐ》りを入れることにした。

地元で学問や武芸などの指導的な人物と懇意になり、彼らからいろいろな情報を得ようと考えたのである。領民に尋ねたところ、誰しもが言うのが阪谷朗廬であった。

阪谷は、文政五年（一八二二）十一月十七日に備中国川上郡九名村《くみよう》（現在の岡山県井原市）で生まれた。六歳の時に下級官吏の父親が住む大坂へ行き、大塩平八郎の塾で学んだ。大塩は、「この子は後日必ず名をなすであろう」と予言したという。

十七歳で幕府の昌平黌《しようへいこう》の教授・古賀侗庵《とうあん》に師事した阪谷は、遂には塾頭となる。その後、帰郷し、嘉永六年（一八五三）十月、郷校の興譲館《こうじようかん》（現在の興譲館高校）の初代館長として招かれた。次第に阪谷の名声が高まり、全国からも多くの若者が集まった。

栄一は、さっそく清酒一樽に漢詩を添えて阪谷に送り、翌日、興譲館を訪ねた。

西欧文明を理解する阪谷は、儒学者として異例の開国論を主張した。「欧米列強が通商を望むのは、決して侵略主義によるものではない。日本がそれを排斥するのは、人道に欠くばかりか、世界協同の趣旨にも反する」と説いた。彼の所説《しょせつ》は、深く歴史の必然性に基づく大局的で現実的な見識《けんしき》から成っていた。鋭い論説の迫力と奥深さに感服するしかなかった。

栄一は、平岡の影響で開国の必要性を認識していたものの、「外国と対等な国力を持った際に開国すべきであり、今はその時でない」として、堂々と反論した。

酒を酌み交わしながらの論争は、次第に白熱して相譲らなかった。相手の見解への理解を深める栄一に、これまでのような持論を押しつける姿はない。意見が違いながらも歓談を楽しめるようになったのは、平岡に接して身につけた術でもあった。

この後も、阪谷や弟子たちを宿に招待し、互いに胸襟《きょうきん》を開いて痛飲しながら、通商の利害や国家のあり方などを大いに論じた。

この時に築いた深い親交は、両家の永きにわたる縁の元となる。なぜなら、栄一に抱かれた阪谷の四男で三歳になる芳郎《よしろう》（後に大蔵大臣、子爵）は、二十三年後の明治二十一年（一八八八）二月二十六日、栄一の次女琴子《ことこ》と結婚するからだ。

近くに関根という剣術家がいた。この人とも親しくなった。ある日、興に乗じて手合わせをしてみたが、評判ほどの使い手でもなく、栄一が打ち負かしてしまう。

こんなことから、「今度来たお役人は、これまでと違い学問にも武芸に優れた方だ」との噂が広がった。すると、兵士として召し抱えてほしいと、若者たちが宿にやってきた。

栄一は、再び庄屋たちを集めて申し渡した。

「ここに、兵士に応募したいという数人の志願書がある。そちらの紹介では、誰一人も応じないのは不思議千万である。これはどういうことだ。拙者《せっしゃ》は、一橋公の命で来ている以上、もし、そちらが裏で志願者を差し止めていると分かれば、不届きな者として斬り殺すことなど平気であるから、そのように心得よ」

このように脅《おど》すと、庄屋の一人が代表して言う。

「誠に申し訳ございません。実は、御代官様が私どもに、『一橋家の役人の申すことを聞いていると、こちらも領民も難儀するだけだ。今回も志願者は誰もいないと言えばよい』と内々に申されたのでございます。何とぞご容赦のほどお願い申し上げます」

やはり、代官の仕業である。さっそく陣屋に乗り込んだ。

「いまだに庄屋からの志願者の申し出は、誰一人いない。この度の使命は、一橋公直々《じきじき》の命であり、非常に重大な責務を帯びておる。このままでは拙者の責任として、理由を徹底的に調査して証拠を添えて報告せねばならない。

さすれば、拙者はもちろん、貴殿も代官としての職務の責めが問われる。そちの身分にも迷惑が及ぶことは必定《ひつじょう》であろう。そこでだ。改めて貴殿から庄屋や村民に再度話をして、十分に役目が果たせるよう力添えをしてくれまいか」

栄一は、岡部藩の代官のように愚弄《ぐろう》した態度をとらなかった。何の解決にもならないからだ。この代官や庄屋たちを生かすことで自らの役目を果たそうとした。

代官は、栄一の言いまわしから裏工作が露見したことが分かり、慌《あわ》てて自ら兵の募集に当たった。続々と志願者が集まり、わずかの間に二百人余りの農兵を得た。この後、播磨《はりま》から摂津《せっつ》、和泉《いずみ》と領地を回り、総数で四百五十人ほどの兵を集めることができた。


上々の首尾を持って五月中旬に京へ戻った栄一は、慶喜に領内の情勢に関する意見を上申した。そして、郷里の子弟教育に貢献している人や親孝行に熱心な人、農業に丹精な人など、十余人の善行者への報償を実現した。こうした配慮ができることこそが、農民として生まれてきた栄一の真骨頂でもある。

特に、阪谷の人格や学識を大いに称賛することを忘れなかった。翌年二月、黒川の領内巡検に同行し、興譲館を再訪した。黒川も、時局に関する彼の見識に深く感服する。

そして、慶喜から「上京せよ」との特命を受けた阪谷は、この年の六月七日に若州屋敷で拝謁する。慶喜は、熱心に郷士や領民の教育に当たっている功績をたたえて、銀五枚を与えようとした。だが、阪谷は、それを興譲館の教師たちに賜るよう申し出た。

また、九日、京都文武館で家老や側用人らへの講義で非凡な見識をみせた。慶喜から文武館の教授任用の内命を受けたが、阪谷は固辞した。あくまでも在野《ざいや》の人材育成こそが自らの使命と考えていたのである。

阪谷が主張する開国論や、「褒賞《ほうしょう》は興譲館の教師に」とし「在野に生きる」との自らの信念を貫いた行為が、栄一のその後の姿勢に大きな影響を与えたことは言うまでもない。

領地の特産品で商い

栄一は、募兵で領内を巡回しながら、米や特産品などの販売方法、流通経路などを調べていた。これらを改善すれば一橋家の財政だけでなく、領民の暮らしも楽になると見抜いたからだ。十代の頃から、藍葉や藍玉の売買で信州や上州の国々を歩き回り、より多くの利益を得る手法などを研究した経験から得たものである。

栄一は改革案を取りまとめた建白書を提出し、上役から強い賛同を得た。慶応元年（一八六五）八月に勘定組頭並《かんじょうくみがしらなみ》へ出世し、再び領地へ出向いた。

まずは、播磨や摂津でとれる年貢米の売り方である。米の販売は、これまで兵庫の蔵宿《くらやど》（年貢米の仲介などを請け負う商人）に任せていた。栄一は、清酒で有名な灘の酒造家に入札払いで直接売ることにした。すると、従来より二割も高く売れた。誰も思いつかない販売方式への変更である。

播磨特産の木綿《もめん》については、売買方法を工夫した。もともと播磨の晒《さら》し木綿は有名であったが、領内の村人が各自で大坂へ売りに行くことから、買いたたかれることがあった。それにひきかえ、近くの姫路藩では、木綿を藩で集めて管理し、江戸や大坂で売り捌《さば》くことから一反当たりの価格が高かった。

栄一は、領民から木綿を高く買い取って、それを大坂の商人に他藩のものより安く売ることができないかを考えた。木綿が大いに売れると生産も盛んになり、領民の暮らしが豊かになることは間違いない。

このために、藩札を流通させようとした。ただ、各藩が発行する藩札は、非常に評判が悪かった。正貨に換える際は何掛《なんが》けかに割り引かれ、中には、私腹を肥やす会計役人もいた。藩札の信用が全く地に落ちていたのだ。

そこで、まず、大坂の両替商五軒を藩札引換所として、合計一万五千両を貸し付けた。この利息は一橋家に入ることにした。また、領内の今市村（現在の兵庫県高砂市）に藩札引換所を作り、同額の一万五千両を備えておく。そして、藩札は三万両分を発行する。

特産品の木綿は、藩札で買い集めて大坂の問屋で売り捌き、売り上げ代金は両替商に納める。栽培農家や織物業者などには、必要資金を藩札で貸し付ける。藩札を正貨に引き換えるのは、今市村と大坂の各引換所とし、藩札は木綿の売買だけの使用に限定する。

領内では、藩札を正価通りの兌換《だかん》紙幣として活用させた。こうすることで、領民が安心して藩札を使い木綿の栽培に精を出したことから、播磨における木綿の生産額が増加するとともに、品質がさらによくなり販売額も上がった。また、両替商や業者などへの貸付利息も、一橋家の収入増に貢献した。

この仕掛けの特徴は、藩札を利用したことである。売買が便利になり物の流れを活発にしたからだ。これは、栄一の知恵と先見の明《めい》によるものだが、同時に、為政者への信頼があってこそ藩札が有効な手立てとなり、「商い」が発展することを知る栄一であった。

備中の特産品である硝石《しょうせき》は、火薬の原料である。そこで、剣術家の関根が硝石の製造に心得があるというので、領内に四か所ばかりの製造所を開いてみた。だが、なかなか質のよいものができず、成果は上げられなかった。


翌年の慶応二年（一八六六）三月末に京へ戻った栄一は、特産物の商いを盛んにした功績が認められて勘定組頭に命じられた。今度は、勘定所改革の特命を受ける。それは、非常に困難を要する仕事であった。組織が旧態依然なことから、業務が重なり無駄が多く、しかも、百人以上の家臣がいたからだ。

栄一は、改革の方針を記した建白書を示して、上司の勘定奉行らの了解を得た上で実行した。まずは、業務の全容をつかむために、同僚や配下の者に仕事内容や段取り《だんど》を聞いて回った。また、煩雑《はんざつ》で重複している職務を洗い出し、一部を他の部署に振り分けたり、統合したりして業務を整理した。それに、余剰となる人材は、過去の経験や希望を確認して異動させた。こうすることで、勘定所は、質素で効率のよい組織に生まれ変わった。

栄一が木綿の売買で頻繁に出向いた大坂は「天下の台所」である。生活物資の多くが一旦生産地から大坂に集められ、江戸をはじめ全国の消費地に送られていた。各藩が蔵屋敷を設けており、まさに流通の中心地であった。

このため、大坂では、商人や両替商が数多く生まれ、商業や金融が発達していた。栄一は、彼らとの取引で日本の物流や金融の制度など多くを学んだ。

ところで、二年前まで農民の栄一が、年貢米の販売方法を変更したり、藩札を活用して木綿の販売を拡大したりするなど、現在でいう「経営革新」を行い、勘定所の組織をスリム化するなどの「行政改革」を実行した。なぜできたのだろうか。

経営革新については、藍玉の製造・販売で「中の家」を立て直した父の影響が大きい。父は、良質の藍の葉をどう見分けるか、高く売れる藍玉をつくるにはどうするか、どの販売ルートが最大の利益となるかなど、数々の創意工夫を行った。

その姿を見て育った栄一が、十四歳の頃に見せた商才に関するエピソードがある。

父からこう言われた。

「いつも書物ばかり読んでいては困る。農業や藍の葉の買い入れなどの商いにも心を入れてやらなければ、一家の役に立たない。今後は、家業に精を出すようにしなさい」

このため、栄一は、祖父と榛沢郡横瀬村方面へ葉の買い付けに行った。藍の葉の鑑定家として父の評価は非常に高いが、祖父はそうでもない。栄一は途中から一人で行くことにした。これまで幾度か父に同行して、買い入れ方を見ていたからだ。

先々の栽培農家で藍の葉を見ては、父の口上を真似して「これは肥料が少ない」、「肥料がよくない、これは本当の〆粕《しめかす》ではない」また「乾燥が十分でない」などと指摘した。これらが見事に当たっていた。すごい目利きをする子どもがやってきたと、近隣の村々の評判を呼んだ。そして、上質の藍の葉を大量に買い入れることができた。

栄一はすでにどれがよい葉であり、そうでない葉は何が悪かったのかという鑑定方法を身につけていた。父が息子の商才に感心し、目利きのよさを大いに褒めたのは言うまでもない。

商売のコツをつかんだ栄一は、いろいろなことを試みた。自ら行司役となりよい藍を栽培した農家を、大関、関脇、小結……と順にした「武州自慢鑑藍玉力競《ちからくらべ》」の番付表を作ったり、招待の宴会での席順も同様にしたりした。これらにより、栽培農家の競争意識を高めて、品質の向上を図ったのである。

こうした新たな取り組みを行い、「中の家」は豪農になり得た。栄一は、十代の頃から父の優れた経営感覚を受け継ぎながら、経営革新をも実行していたのだ。

また、行政組織の改革は、現代日本においても喫緊の課題であるが、遅々《ちち》として実現できない。にもかかわらず、栄一が、江戸末期まで綿々《めんめん》とした勘定所の組織改革を実行できたのは、必ず成し遂げるんだという強固な信念と、絶えず抱いてきた改革心、それに、改革方針を明らかにしてよく話し合い、家臣たちの信頼を得たからだ。

栄一が固く心に誓った「国のために尽くす」という信念は、生涯変わることがなかった。それに、一橋家の臣下になる際に自らの改革案を示したが、この後も現状を変革すべく建設的な意見を提言する建白魔であった。さらに、改革を実行する際には、目的を明確にし、人のやる気を引き出すなど、人心の掌握術にたけていたのである。

これらはまた、栄一を近代経済社会の指導者たらしめた大きな要因でもあった。

慶喜、第十五代将軍に

慶喜が禁裏御守衛総督として大いに活躍したのは、元治元年（一八六四）七月十九日、長州藩が京に攻め込んできた時だ。いわゆる「禁門の変」の際である。

長州藩は、前年の「八月十八日の政変」で京を追放されていたが、藩主の毛利敬親《たかちか》らの赦免とともに、新選組により同志が斬殺された六月五日の池田屋事件の復讐に燃えていた。

このため、朝廷を武力で奪還しようと、藩兵を京周辺まで進軍させていた。

七月十八日の夜、長州藩の尊攘強硬派と気脈を通じていた有栖川宮熾仁親王《ありすがわのみやたるひとしんのう》や中山忠能《ただやす》らの公卿が急に参内《さんだい》し、長州軍の入京と京都守護職の松平容保《かたもり》（会津藩主）の追放を訴えた。そして、翌十九日の明け方、三方面から京に攻め入ってきた。

直前にその動きを察知した慶喜は、孝明天皇から征伐の勅命を得ると、戦闘の陣頭指揮に立ち、手薄な陣営には直属の一橋家兵士を投入し、動揺する公卿を抑えるなど細かな手を打った。だが、長州藩との迫撃砲戦では、薩摩藩兵の働きが群を抜いていた。長州藩は敗退し、騒動の中心人物である来島又兵衛《きじままたべえ》は戦死、久坂玄瑞らは自刃《じじん》する。

禁門の変はわずか一日足らずで終結した。だが、京の長州藩邸や長州側の公家屋敷に火が放たれたことから、京は大火に見舞われて三日三晩燃え続けたという。

この慶喜の働きに、孝明天皇の信頼は一層厚くなったが、江戸城内では、むしろ疑心暗鬼となっていた。幕臣が朝廷に迎合するのは将軍に対する反逆であるからだ。

また、慶喜は「開国せよ」と唱えたかと思いきや、「攘夷だ」と声高に言ったりした。刻々《こっこく》と変化する情勢を乗り切るために周囲を惑わした。彼を嫌う者は、「二心《にしん》殿」と呼んでさげすんだ。慶喜側の各藩主や幕閣、家臣さえも、権謀家の言動に振り回されたという。

孝明天皇は、禁裏に攻め入ろうとした長州藩を征伐するよう勅命を下した。十一月、幕府は、総督に前尾張藩主の徳川慶勝《よしかつ》、副総督に越前藩主の松平茂昭《もちあき》、薩摩藩の西郷隆盛を参謀として、三十五藩十五万人の兵を進軍させた。これが、第一次長州征伐である。

征伐の実質責任者である西郷は、長州藩に藩主父子の蟄居《ちっきょ》や三家老の切腹、三条ら公卿の九州諸藩への引き渡しなどの降伏条件を伝えた。同藩がこれらを実行したため、十二月に総督から撤兵の命令が発せられた。結局、一度も戦火を交えることなく終わった。幕閣らは大いに憤慨《ふんがい》したが、総督に全権を委譲しており後の祭りである。

長州藩が従順に幕府の命に従ったことと、西郷があえて長州藩を滅ぼさなかったのには、それなりの理由があった。

長州藩は、攘夷実行日とした前年の文久三年（一八六三）五月十日から、下関を通る外国艦船などに砲撃を加えて海峡を封鎖していた。これに反発してイギリスやフランスなどの四か国連合艦船が下関へ集結し、八月五日に猛攻撃を行った。この「下関戦争」で、大敗北を喫した長州藩には、もう幕府と戦うだけの余力がなかったのだ。

また、西郷は、長州征伐前の九月十一日に軍艦奉行の勝海舟を訪ねていた。彼の考えを聞くためである。初対面の西郷に、勝は日本の将来への明確な方向性を示唆《しさ》した。

「幕府は腐りきっておりだめだ。もう倒すしかない」

幕府政治の終焉を促した勝に、西郷は驚きを隠せなかった。まさか、幕臣から倒幕論を聞くとは思ってもいなかったからだ。

「国内統治の主導権争いばかりしていてはだめだ。列強に追いつくために、賢明な藩主たちによる国政で、開国を進めて欧米列強の進んだ制度や技術を取り入れるべきだ」

世界情勢を的確に踏まえた勝の言葉に、西郷は日本のめざすべき新たな道を見出した。そして、長州藩を倒しては国家統一が果たせないことを、西郷は理解する。

第一次長州征伐で降伏した長州藩では、俗論党《ぞくろん》（保守派）が藩政の実権を握ったが、明日の日本を見つめる高杉晋作が動いた。元治元年（一八六四）十二月十五日、高杉が、伊藤博文の力士隊や遊撃隊などの協力を得て長府（現在の山口県下関市）の功山寺《こうざんじ》で決起する。

これに呼応して、奇兵隊や義勇兵が立ち上がり、藩主流派の俗論党を撃破した。そして翌年の三月には、藩論が倒幕に統一された。

その長州藩は、坂本龍馬が結成した貿易商社の亀山社中と薩摩藩の支援により、幕命に反して西洋式の軍備増強を積極的に図った。表向きは恭順を示しながら、軍事力の再編強化を進める「武備恭順《ぶびきょうじゅん》」である。そして、慶応二年（一八六六）一月二十一日、薩摩と長州の両藩は、龍馬や中岡慎太郎らの仲介で密約を結んだ。薩長同盟の成立である。

軍備の近代化を進める長州藩の動きを知った幕府は、藩主らの隠居・謹慎と領土十万石の削減などを要求したが、拒否される。将軍・家茂《いえもち》は、第二次長州征伐を決め、自ら大坂城入りをして征伐軍の総指揮を執ることになった。

六月七日、幕艦からの砲撃により戦いが始まる。十万もの長州征伐軍だが、西洋式の戦術を駆使し最新兵器を有する長州藩の前に、ほとんどの戦闘地域で敗走した。こんな中、七月二十日に家茂が二十一歳で病没する。

この知らせは、一瞬にして幕府軍を自壊《じかい》させた。小倉城が落城したとの知らせを聞いた慶喜は、八月十六日、朝廷に出陣辞退を申し出た。この実質的な敗北は、幕府の権威をなお一層失墜させることになった。

慶喜は、慶応二年（一八六六）八月二十日に徳川宗家を相続して徳川慶喜となる。そして、十二月五日、孝明天皇の宣下《せんげ》により第十五代将軍となった。ところが、同月二十五日、天皇が天然痘により急に崩御《ほうぎょ》した。将軍になった途端に、慶喜は最大の後ろ盾をなくしてしまう。

慶喜が将軍になったことで、栄一と喜作は幕臣となる。同時に、慶喜を中心とした雄藩諸侯による新政府樹立の構想が、完全に崩れた。栄一は、幕府瓦解《がかい》という暗い将来しか思い浮かばず、その落胆ぶりは、隠すことができないほどであった。

フランスへの派遣

イギリスは、薩英戦争や下関戦争での戦いを通じて、薩摩藩や長州藩らへの支援・協力関係を築いた。そして、軍艦や武器等を雄藩へ提供することで、勢力を拡大していた。

一方、日本での権益に後れを取っていたフランスは、ロッシュ公使が、攘夷問題で苦慮している幕府への支援を申し入れた。彼は慶喜の信頼を得ようと必死であった。

慶応元年（一八六五）八月、ロッシュは、慶喜に皇帝ナポレオン三世が主催するパリ万国博覧会への参加を促した。二年後の開催予定である。幕府のほかに、薩摩藩と肥前《ひぜん》（佐賀）藩、商人の清水卯三郎《うさぶろう》が出展する旨を表明した。

慶応二年（一八六六）十一月二十九日、栄一は側用人の原市之進に呼ばれた。

「来年、フランスのパリで開かれる万国博覧会に初めて参加することになった。博覧会には、上さまの名代として弟君の民部公子《みんぶこうし》（徳川昭武）が行かれる。この後、民部公子は三年から五年ほど留学することに決まった。このために、上さまが大変心配されている。そちが、お供としてフランスへ一緒に行ってもらえぬか」

フランスへ行けというのだ。考えもしなかった沙汰である。だが、将来に望みをなくしていたこの時の栄一には、未知の外国行きは願ってもない有り難い話であった。一瞬にして気分が高揚した。

昭武はまだ十四歳であり、フランス留学が長期となるため、勘定方が十分に務められ、昭武の身の回りの雑事を扱う者が必要であった。また、水戸藩から七人の藩士をお供させたいと言ってきた。外国人を夷狄と考える頑固な水戸藩士をうまく使え、他の者との仲介役となる者が求められた。

この選任の際に、慶喜から御内意があった。

「渋沢を遣《や》るがよい。渋沢ならば、思慮があり臨機応変の対応がとれるであろう。学問の心得もあるし、人間もしっかりしている。それに、前途有望な人物だから、海外を知ることも大事だ」

原は「誠に適任かと存じます」と答えたが、栄一が尊皇攘夷論者であることを承知していたので、断るのではないかと心配していた。

「分かりました。喜んでフランスに行かせていただきます」

栄一が、あっさりとしかも嬉しそうに返事をしたのに、原は大変驚いた。

「海を渡って夷狄が住む外国に行くのだぞ、分かっておろうな。しかも、しばらくは帰ってこられないぞ。後になってご遠慮いたすと言うことはないだろうな」

「はい、承知しております。五年でも十年でもお申しつけください。私は、もう攘夷論者ではありません。今は、外国のことを知りたいと強く願っております。どのような艱難《かんなん》もいといませんから、ぜひお遣《つか》わし願います」

この真剣なまなざしに、原は安堵《あんど》した。そして、原から慶喜の御内意である旨を教えられた栄一は、主君に深く感謝するとともに、その期待に応えるべく民部公子の洋行に心魂を尽くそうと心に誓った。栄一、二十七歳の時である。

外国行きを喜んでいるこの変わりように、もしかしたら、栄一自身が最も驚いたのかもしれない。そこには、あの尊皇攘夷に燃えていた三年前とは明らかに違う栄一がいた。開国論者の平岡と原に仕えたことや儒学者の阪谷との論争により、栄一は、もっと異国を知りたいと考え、桁違いの外国の国力を自分の目でしっかりと見たいとさえ思っていた。

強硬な尊皇論者が幕臣となり、今度は、攘夷を実行しようとした者がフランスへ行く。何という大いなる皮肉であろうか。これはもう、時代が栄一にそれを求めたとしか言いようがない。そして、栄一の人生は間違いなく大転換する。

「直ぐ出発することになるが差し支えないか」と原から聞かれて、「はい、結構です」と答えた栄一だが、我が身に何が起こるか分からない外国へ、しかも五年は戻れない。正直、妻や娘、父母に一目でも会いたかった。

二十四歳で喜作と故郷を出てからもう三年だ。この間、妻子と会えたのは一度だけ。しかも十分に話もできない逢瀬《おうせ》であった。ちよは、どんな思いで栄一の帰りを待っているのだろうか。無事かどうかさえも、手紙でしか伝えることのできない時代だ。当然、こんな栄一の様子などは知るよしもない。

栄一が民部公子にお供して京を出たのは、慶応三年(一八六七)一月三日である。五日に幕府の軍艦「長鯨《ちょうげい》丸」に乗船し、九日に横浜港へ着いた。この日に故郷の妻あてに手紙を書いた。ちよがそれを目にするのは一月の半ばで、既に栄一は外国船の船上であった。

手紙には、「民部公子に付き添い、フランスへ行くので三年は会えないが、月日の経つのは早いものだ。いずれ会う日を楽しみにしている」などと書かれていた。ちよは、いくら幕府の命とはいえ、あれほど夷狄を嫌っていた夫が、海を渡りフランスへ向かったことに驚きを隠せなかった。

また、ちよの弟の「尾高平九郎を養子にしたい」とあった。跡取りのいない幕臣が外国に行く際は、見立《みた》て養子をたてるとの決まりによるものだ。当時の海外への渡航は、今日よりもはるかに命の危険が高かったことは言うまでもない。

平九郎は幕臣・渋沢平九郎となり、役には就かなかったものの禄《ろく》は受けた。しかし、平九郎の生涯は、維新の嵐が吹き荒れる中で翻弄《ほんろう》されることになる。

コラム 栄一が語る徳川慶喜

慶喜公は余に取つての大恩人である。(略)兎に角余が浪人時代より救はれて一廉の人間となつたのも、一に慶喜公の御蔭と謂はねばならぬ。然るに此の大恩人たる慶喜公は少からず世間から誤解されて居る。

（略）勤王の精神に厚く、徳川十五代将軍中皇室を尊崇されたこと、恐らく公の右に出づる者は一人もなかつたらうと余は信じて居る。公の精神は実に青天白日の如く、誠に赤誠高潔なものであつた。所が公が将軍職を嗣がれた為に、所謂討幕党から有ゆる非難を受け、冤罪を蒙り、遂に乱臣賊子とまで目せらるゝに至つた。（略）

若しも公にして勤王の志に薄く、慶応三年の十月に於て政権返上の事を奏上せず、好し又其の事ありとするも、同時に討幕密勅の下りしを非理として所謂痩我慢を主張せられたならば、王政維新をして幾年間遅滞せしめ、国運の発展にどれ程の障碍ありしや、蓋し測り知るべからざるものがあつたらうと思ふ。

（『渋沢栄一伝記資料　別巻第六』）

第三章 栄一、フランスへ行く

1　徳川昭武——全行程に随行

使節団、パリをめざす

パリ万国博覧会に参列の昭武に随行する使節団員は、次の通りである。

勘定奉行格外国奉行　向山一履《むこうやまかずふみ》（初代駐仏公使）
御作事《さくじ》奉行格小姓頭取《ぶぎょうかくこしょうとうどり》　山高信離《やまたかのぶつら》（御傅役《おもりやく》・留学生取締役）
歩兵頭並《かしらなみ》　保科《ほしな》俊太郎（通訳・留学生取締役）
外国奉行支配組頭《くみがしら》　田辺太一
外国奉行支配調役《しらべやく》　日比野清作、杉浦譲《ゆずる》（愛蔵）
外国奉行支配調役並出役《なみしゅつやく》　生嶋《きじま》孫太郎
儒者次席翻訳方頭取　箕作麟祥《みつくりりんしょう》（貞一郎）
外国奉行支配通弁《つうべん》御用　山内六三郎（通訳）
大番格砲兵差図役《さしずやく》頭取勤方《つとめかた》　改役兼務　木村宗三
御勘定格陸軍附調役　渋沢栄一（篤太夫・庶務兼会計）

水戸藩士（七名）　菊池平八郎、井坂泉太郎、加治権三郎、皆川源吾、
大井六郎左衛門、三輪端蔵、服部潤次郎（昭武の警護）
御番格奥詰《おくづめ》医師　高松凌雲《りょううん》
小十人格砲兵大砲差図役勤方　山内勝明（文次郎）

この他に、案内兼世話係として駐日フランス長崎領事のレオン・デュリーが同行した。また、ドイツ人でイギリス公使館の日本語通訳官であるアレキサンダー・シーボルトを、通訳兼世話係とした。彼は帰国休暇で同船しており、自らその役目を申し出た。ドイツ語や英語、日本語だけでなく、フランス語なども堪能《たんのう》なことから同行が認められた。

このほか、会津藩の二人と唐津《からつ》藩の一人の留学生とともに、パリ万国博覧会に出品する商人の清水卯三郎らも同船しており、従者なども含め総勢三十三人である。

慶応三年（一八六七）一月十一日の朝七時、使節団の一行は、雪がちらつく中をフランス郵船「アルヘー号」に乗り込んだ。将軍・慶喜の名代である昭武の旅立ちである。老中の小笠原長行《ながみち》をはじめ、若年寄や海軍奉行、勘定奉行などの幕府要人と、駐日フランス公使ロッシュら多くの人々が見送りに来ていた。船は、横浜港を九時に出航した。

慶喜が、パリ万国博覧会に昭武を参列させたのは、日本の支配者は幕府であることを欧

米列強に改めて認めさせるためである。また、条約締結国を巡歴することで、各国と友好を深めるとともに、次期将軍は昭武であると知らしめる意味があった。

それに、フランスからの幕府への強力な支援に応えるという意義を有していた。

フランスが幕府に近づくのは、元治元年（一八六四）に外国奉行の池田長発《ながおき》を正使とする使節団が訪仏した際である。攘夷の勅命を下した孝明天皇の意向などを踏まえて、横浜港の閉鎖を交渉するために条約締結国へ派遣されたものだ。

フランスでの鎖港交渉は、横浜が対日貿易や交渉の拠点であることから全く進まなかった。だが、この交渉過程で、フランスの外相から幕政に反対する勢力を討滅《とうめつ》するために、軍艦と軍資を貸すとの申し出がなされた。これ以後、両者の関係は緊密化していく。

この年の四月、駐日公使に着任したロッシュは、幕府の軍事近代化に支援を申し入れる。横須賀製鉄所の建設や最新鋭の軍艦や武器の調達、軍役訓練の指導などで、援助を惜しまなかった。

また、慶応二年（一八六六）八月二十日、ロッシュの仲介で、勘定奉行の小栗忠順《おぐりただまさ》とフランスのソシエテ・ジェネラールの代表・クーレとの間で借款契約を結んだ。幕府の軍備強化費用としての貸付額は、六百万ドル（約四百五十三万両）と巨額であった。

栄一は初めての外遊で、海外見聞記として評価の高い『航西日記《こうせいにっき》』を残している。同行の杉浦譲との共著だが、杉浦は途中で帰国しているので、栄一が主に書いたものだ。栄一は、この他『巴里《パリ》御在館日記』と『御巡国日録』も書き残している。

この『航西日記』（大江志乃夫訳）により、各国の様子を見てみよう。

一月十五日、最初に上陸したのは上海である。上海は、天保十三年（一八四二）に清国が阿片《あへん》戦争を終結させるためイギリスと結んだ南京条約で開港させられ、英米の共同租界《そかい》とフランス租界が形成されていた。そこには、清国政府の施政権が及ばない。

同日の『航西日記』では、昭武にお供して揚子江（長江）の川沿いを散歩したとある。

河岸には外国人の官舎がつらなり、その官邸には各国の国旗を高くかかげ、それぞれ、便利のよい地をしめていた。（略）河岸には、すべてガス灯をもうけ、電線をはり、樹木がうえてあり、道路は平坦で、ややヨーロッパ風の一端を見ることができる。

上海租界で目にした光景は、一行にとって考えられないものであった。官舎などの高層建築が続く街並みに驚くばかりである。ろうそくしか知らない者には、光り輝くガス灯の明かりに首をかしげるしかない。西洋の科学技術に度肝《どぎも》を抜かれたことであろう。

ところが、この後に中国人が住む市街へ行くと、往来の道幅が狭く、いろいろな肉が店頭で売られており、臭気が混じって鼻をついた。道路の両側に捨て水が汚れてたまっており、商人や駕籠かきなどが口々に叫んで、大変いやな思いをしたとある。

あまりにも異なる世界を目にした栄一は、列強に支配されることの現実を知る。日本の街を、この上海のようにしてはならないと心に固く誓ったに違いない。

二十日、香港に着く。ここは、イギリスの植民地となって以来、山を削り海を埋め立て、東洋屈指の貿易港として大いに繁栄していた。イギリスにおける東洋進出の拠点である。香港で、より豪華なフランス郵船「アンペラトリス号」に乗り換える。

二十五日に、サイゴン（現在のホーチミン）に入港する。フランス領だけあって同国軍艦が祝砲を撃ち放つ。騎兵隊が馬車の前後を警備するなど、大変な歓迎を受ける。二十九日にシンガポールに着く。

二月七日には、セイロン（現在のスリランカ）に到着する。十六日、アラビア半島の南端のイギリス領アデンに入港し、スエズへ向かう。

二十一日、スエズに上陸した。ここから列車に乗り、カイロを経由して地中海の都市アレクサンドリアをめざした。この鉄道は、イギリスがアジアとの交易を独占するという大いなる野望を持って、安政五年（一八五八）に完成させたものである。

栄一は、初めて鉄道の旅を体験する。蒸気機関車の堂々たる黒い車体とその客車を引っ張る力強さや轟音《ごうおん》に驚き、興奮した。また、列車の窓からの光景に釘づけになる。はるか遠くまで多数のテントが立ち並び、数え切れないほど多くの作業員らがモッコを運ぶ有様が手に取るように見えた。スエズ運河の建設である。

スエズ運河は、元フランス外交官のレセップスの指導によるもので、フランスがイギリスに対抗するためにエジプトと共同で建設を始めていた。長さ約百六十三キロメートルという世界最長の運河は、十年かけて一八六九年十一月十七日に開通するが、当時は、完成まであと二年という状況にあった。

この壮大な工事が、フランスのスエズ運河会社により広く万民の便益のために行われていると教えられ、深く感銘した。「会社は公益の事業を行うものだ」と肝に銘じた栄一は、帰国後の新たな日本で、これを実行していくのである。

二十二日の朝、地中海に面した大都市アレクサンドリアに着いた。ここは、地中海の要港《ようこう》として栄えており、在留の欧州人も多く、上海や香港と同様に人の賑わいがあった。

この地の風習について、同日の『航西日記』を引用してみる。

貴族はつねに家居深窓にあって、人に面するのを恥としている。ただ、一夫一婦のほかに妾《めかけ》をもっている。多いのは数十人の妾をもつという。（略）この国には妾が多いのを誇りとする風習があって、現にトルコ帝には四百八十人余も妾があるという。とくに男に嫉妬心が強くて、もし自分の妾がひそかに他の男に顔を見せたりすると、すぐにこれを殺してしまうということである。

日本でも、将軍や公家、大名などは妾を囲っていた。文明開化を唱えた明治の時代においても、ほとんどの政治家や高級官僚、財界人たちは妾宅《しょうたく》を有していたようだ。実業界のトップに長く君臨する栄一だが、この方面はなかなか盛んであった。女性に関してこんなことが残されている。

明治六年（一八七三）に撮った写真がある。そこには、妻のちよと栄一の妹のさだ、尾高の妹の尾高くに、それと栄一の妾の大内くにが一緒に写っている。妻と妾とが一緒に住んでいたのだ。栄一は、大内くにとの間に二人の女の子をもうけたが、それぞれ、自分の甥に嫁がせている。こうしたことが、まかり通った時代のようだ。

ちよが、明治十五年（一八八二）に流行したコレラによって亡くなり、翌年に後妻となった兼子は、晩年よく家族にこう言ったという。

「父様《とうさま》は『論語』とはうまいものを見つけなすったよ。あれが聖書だったら、てんで教えが守れないものね！」

『論語』には、性道徳に関する教えがないからだ。確かに、そうしたものは見つからない。性道徳に厳しい『聖書』だったら守れないよ、との妻の皮肉である。晩年、栄一が言う。

「自分は人生を顧《かえり》みて婦人関係以外は天地に恥ずるものはない」（古川順弘『渋沢栄一の「士魂商才」』）

この日は、港にある博物館で古代エジプト文明の数々の優れた遺物を見た後、フランス領事館に泊まった。翌二十三日の朝、蒸気船「サイド号」に乗り換え、二十六日に地中海に浮かぶシチリア島に寄港する。そして、いよいよ目的地である。

近代国家フランスに驚嘆

二月二十九日の朝、船がマルセイユに入港し歓迎の祝砲が撃たれた。使節団はようやく

マルセイユで撮った写真。前列中央が徳川昭武、後列左はしが渋沢栄一
（渋沢史料館所蔵）

フランスの地を踏んだ。横浜港の出航から四十八日間にも及ぶ長旅であった。

フランス政府の高官や軍総督、市長、パリ万国博覧会の幕府側の責任者である名誉総領事のフリューリ・エラール、幕府のフランス留学生など大勢の出迎えを受けた。

昭武一行は、宿泊先の「グランドホテル・ド・マルセイユ」に向かう。この後、陸軍総督や市長への表敬訪問、市街の視察をし、夜は芝居を見物した。何もかも見たこともない素晴らしいものばかりだ。何度も驚嘆の声をあげたことは想像に難《かた》くない。

ホテルに戻ると、万国博覧会の先発隊の北村元四郎たちが待っていた。向山や山高らは、パリ万国博覧会の会場での展示形態や二月二十七日の開場式の様子などを聞いて、薩摩藩の専横《せんおう》に驚く。そして、このことは考えもしなかった大問題に発展する。

三月一日に、マルセイユで昭武一行全員による記念写真を撮影する。翌日は、海軍基地のあるツーロンへ出向いた。最新鋭の軍艦に乗り込み、栄一も大砲を試射している。その後、製鉄所や兵器貯蔵所などへ行った。空に浮かぶ飛行船を見せられたり、海底にもぐる潜水技術を披露されたりと、侍の目の前には、まさに未知の驚愕《きょうがく》の世界が広がっていた。

六日、使節団は列車に乗り、途中のリヨンで一泊する。翌朝、首都パリへ向かう。

三月七日の夕方、パリのリヨン駅に着いた。昭武一行は、盛大な出迎えを受けた後、パリの中央にある「グランドホテル・ド・パリ」(現在のルグランホテル)において、ようやく旅装《りょそう》を解《と》いた。

このホテルは、パリ万国博覧会に招待する外国の国王など賓客《ひんきゃく》をもてなすために、文久二年(一八六二)に完成したものである。派手好みのナポレオン三世の命を受けて、エレベーターと風呂付きの客室を有する世界最高級ホテルであった。この想像を超える贅《ぜい》を尽くした超豪華なホテルに、日本との桁違いの国力の差を否応なしに実感する。

全権公使の向山や傅役の山高らには、皇帝ナポレオン三世の謁見《えっけん》式やパリ万国博覧会に関しての交渉が待っていた。栄一は庶務兼会計である。日本への公電や信書の送付、手当の支給や日用品の買い入れなどのほか、昭武の身の回りに関わる仕事が主であった。

栄一は、ホテル代があまりにも高いので下宿先を探し、四月十二日、シャルグラン通りにある借家に、杉浦や山内六三郎らとともに引っ越した。そして、フランス人教師から仏語を習い、一か月後には、買い物など日常生活は手真似を用いれば困ることがないほどに上達した。文明都市パリに溶け込もうとする栄一である。

だが、丁髷《ちょんまげ》を結い大小の刀を腰に差した羽織袴《はおりはかま》姿の侍の姿は異様である。パリの華やかさにそぐわない。東洋の日本から来た背の低い異国人を初めて目にする人がほとんどだ。見たこともない容姿や振舞いに関する話題は尽きなかったに違いない。

そんな日本の武士にとっては、パリの光景は想像もつかない別世界であった。テュイルリー宮殿やベルサイユ宮殿、ルーブル美術館、ノートルダム寺院、演劇場など、華麗にして荘厳《そうごん》な建物である。あらゆる所に彫刻が見られ、光に輝くステンドグラスや、色鮮やかな天井画や壁画に目を奪われた。まさに芸術の都・パリである。

街の中心をゆったり流れるセーヌ川沿いや綺麗な花が咲き誇る公園は、市民の憩いの場となっていた。凱旋門から真っ直ぐに延びたシャンゼリゼ通りなどの大通りや並木道、街中にはレストランやカフェがあり、紳士や艶《あで》やかな洋装の貴婦人たちが馬車などに乗って行き交っている。

しかも、夜になると、鮮やかなガス灯がともりパリの街を華やかに彩《いろど》る。誰しもがカルチャーショックを受けたであろう。

渋沢華子は、祖父・栄一のパリでの足跡を訪ねて『渋沢栄一、パリ万博へ』を著した。そこには、当時のパリの夜を思い浮かべて、こんなことを書いている。

ナポレオン三世は好色家であったし、当時は快楽のエポックともいわれていた。有名な小デュマの小説『椿姫』の時代である。高級娼婦から街娼まで、毎夜妖僧カションがそのガイド役だったかもしれない。（略）

なにかの本で読んだ「鶴の足」という言葉を思い出したのだ。日本では鶴はおめでたい鳥とされているが、フランスでは鶴というと人が笑うという。この種の女たちが片脚をちょっと上げてたたずんでいるさまが鶴のようだというわけだ。毛皮のコート下は素っ裸というファッションも鶴嬢たちの伝統で、……（略）

栄一たち日本の若者が鶴の足を見すごすはずがない。小男の栄一は小柄なフランス娘に気をよくして、律義に毎夜、鶴の家に自費で通ったことだろう。

もちろん、こうしたことは『航西日記』には何も記されていない。

三月二十四日、ナポレオン三世への謁見式は、テュイルリー宮殿で行われた。昭武一行は、宮殿へフランスが用意した馬車五台で向かい、彼らが通過する際には軍楽隊が演奏して迎えた。道路の両側には、衣冠束帯《いかんそくたい》の装いをした異国人の姿を一目見ようと、近郊からも押し寄せた人々で埋め尽くされた。なお、栄一はこの式に参列していない。

正装の昭武が謁見式場の大広間へ行くと、ナポレオン三世は、正面の三段高い壇上に皇后と並んで着席していた。皇帝の前に進んだ昭武は、よどみなく挨拶をした。通訳の山内がフランス語で奏上する。

これに対して、皇帝は答辞を述べ、書記官のカションが日本語に訳して伝えた。昭武は、将軍徳川慶喜の国書を手にして帝座に進むと、皇帝は立ち上がって受け取る。式は無事に終わった。夜は、祝賀の饗宴《きょうえん》である。

パリ万国博覧会の開催に当たっては、イギリスやアメリカ、ロシアなどの欧米各国の国王や大統領などが招待された。パリ市内では、これらの国賓をもてなすためにほとんど連日にわたって、晩餐《ばんさん》会や舞踏会、観劇会、競馬など種々の催しが開かれた。
舞踏会については、四月一日の『航西日記』にこう書かれている。

夜十時、大臣官邸での舞踏会を見るのにお伴をした。これは、舞踏会を開いて親属知人を招待する一種の儀礼的会合である。つまり夜の茶会をもっと盛大にしたものであって、施設もすこぶる華美である。（略）席上には花をかざり、灯燭を点じ、庭のかがり火の設備から、食料茶酒の準備にいたるまで華美をつくし、その席につどう賓客は男女ともにみな礼服を着飾り、互いにあいさつをかわし、音楽を奏し、その曲に応じて、男女それぞれ年ごろのものは相手を求め、手をたずさえ肩をならべて舞踏する。

このような男女の光景も、男尊女卑の日本ではあり得ないことだ。

パリ万国博覧会

ナポレオン三世は、嘉永《かえい》六年（一八五三）からパリ市街の大改造に着手した。街路整備や上下水道、学校や病院などの公共施設などの拡充を図り、ヨーロッパ随一の近代都市をめざした。そして、パリ万国博覧会は、常にナポレオン一世と比較されてきた自らの実力を、世界に誇示することが最大の目的であった。

パリ万博は、慶応三年（一八六七）二月二十七日（一八六七年四月一日）から十月八日（同年十一月三日）まで開催された。一般公開は三月二十七日（同年五月一日）からである。

会場は、セーヌ河畔《かはん》のシャン・ド・マルス広場（現在のエッフェル塔広場）で、世界四十二か国が参加し、会期中約千五百万人が来場したという。

四十ヘクタールを超える敷地に巨大な楕円形の陳列会場があり、参加国の出展物は、それぞれ放射線状に並べられていた。会場の半分はフランスが占めており、イギリス、プロイセン、ベルギーなどの順に出展物が多かった。東洋からの参加は日本・清国・シャム（タイ）の三か国である。日本は、その展示スペースの半分以上を占めていた。

参加各国からは、最新式の電気電信機器やエレベーター、蒸気動力による機械、最新兵

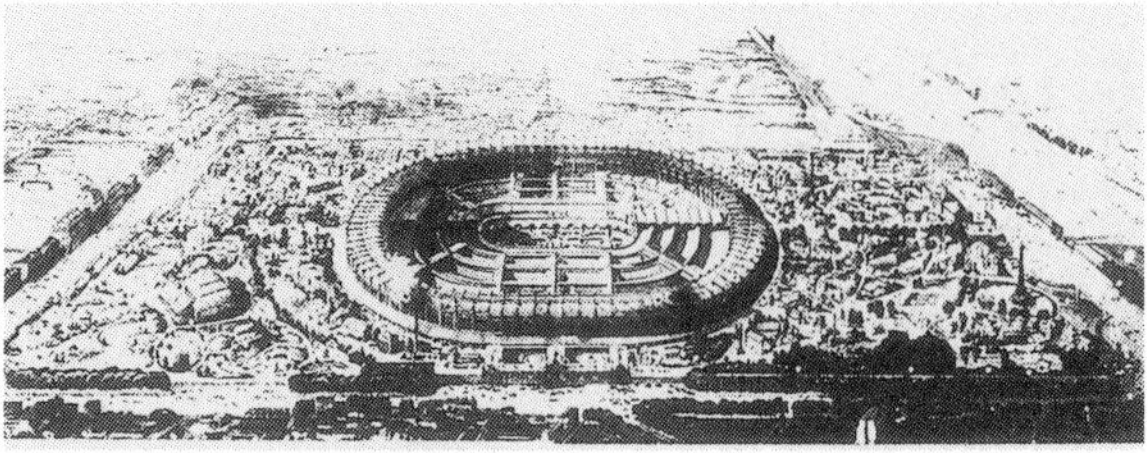

パリ万国博覧会の全景（渋沢史料館所蔵）

器、医療器具、服飾品など多種多様な最先端の物品が出展されていた。

パリ万国博覧会の様子については、見学した五月十八日の『航西日記』に書かれている。メイン会場の配置などを記した後に、次のようだとある。

欧州各国ともに人工の精緻と学芸の新しさの先鞭を競っている。だからこの会に出した物品はいずれも精巧《せいこう》をきわめ、豪華をきわめ、声価を世界にひろめようとしていた。だから蒸気機関のような機械のたくみさ、意匠の苦心のほどは見てわかるとはいうものの、我輩《わがはい》はその学に通じていないので、その原理を推理することができず、雲が視線をよこぎった程度にしか見ることができないのが残念である。（略）この館内では観客を台にのせ、蒸気の力で押し上げて屋上に登らせていた。屋上には散歩の道があって、外部の台、小屋、堂塔、

庭園などを一目に眺望させている。(略)

学術機械については、(略)医師道具および測量器のようなものがもっとも品数も多く、人身解剖の模型として作った紙細工など、精巧無比であった。またエレキテール(電気)仕掛けで図画を模出する器械があった。新発明であるという。

そして、商いに深い関心を示していた栄一は、各国の通貨についてこう記している。

各国が現に用いている金銀貨幣の見本を集めたところがある。わが国の大小判、一分銀、二朱金、一朱銀もならべ、欧州その他各国の円い貨幣のなかで、ひとり方形をしている。尺度量衡も各国が現に用いているものをあつめて並べている。わが国の升《ます》なども、他の円形のなかで方形をしているのが特に目立った。

将来、「世界共通の通貨」の必要性を訴えるために、展示されたとのことだ。

幕府や薩摩藩、肥前藩は、陶器や漆器《しっき》、金細工、蒔絵《まきえ》、浮世絵、和紙等を出品していた。

日本の美と伝統技術を駆使した精巧で気品にあふれた展示品は、初めて目にするヨーロッパ人に大きな反響を呼んだ。

特に、肥前藩の伊万里焼は、白磁《はくじ》の肌に描かれた発色の美しい色彩、花鳥や風景の柄で西欧人を魅了し、マイセンなど西洋の陶磁に大きな影響を与えた。また、葛飾北斎や喜多川歌麿などが描く浮世絵は、鮮やかな色合いや大胆な構図が大変な評判になった。

それらは、当時、世界の最先端をいくフランス画壇のルノワールやモネ、ゴッホなどに感銘を与え、フランス印象派やアール・ヌーヴォーの作家たちの画風に大きな変化を及ぼした。いわゆるジャポニスム運動で、日本が海外に文化輸出をした数少ない例である。

五月二十九日（西暦七月一日）、パリ万博に出展した品々への褒賞式がランジストリー宮殿で行われた。賞は、グランプリ、金、銀、銅があった。日本の出品物は多くの賞を得たが、中でも養蚕・漆器・美術工芸品・和紙が最高賞のグランプリを取った。皇帝からメダルと賞状が昭武へ直接授与された。

また、日本の曲芸師たちが、この万博期間中にパリへやってきた。未知の国である日本の伝統芸をヨーロッパの人々にアピールしている。独楽《こま》回しの松井源水一座（手品の柳川蝶十郎一座が同行）と、足芸の浜碇《はまいかり》定吉一座（手品の隅田川浪五郎一座と、独楽回しの松井菊次郎一座が同行）である。

両一座は、六月と七月にパリの劇場でそれぞれ興行を行っている。その新聞記事を『航西日記』で三度も紹介しているように、日本の曲芸師たちが演じる優れた足芸や綱渡り、からくり、独楽回しなどは西洋人の注目を大いに集め、会場は連日満員であったという。

同郷の清水卯三郎

パリ万博に出展した商人に清水卯三郎がいる。清水は、文政十二年（一八二九）三月四日、埼玉郡羽生《はにゅう》領町場村（現在の埼玉県羽生市）で造り酒屋を営む清水弥右衛門の三男として生まれた。栄一より十一歳年上であった。

単なる商人ではない。若くして漢学や蘭学、ロシア語、英語などの勉学に励んでいた。そして、文久三年（一八六三）七月の薩英戦争では、清水の才能と度胸をイギリスに見込まれて旗艦《きかん》「ユーリアラス号」に通訳として乗り込んでいた。この時に大いに活躍するのだが、その経緯については、親交のあった福沢諭吉の『福翁《ふくおう》自伝』に詳しく記されている。

清水は、幕府から一万五千両も借りてパリ万国博覧会に出展した。日本伝統の数奇屋造りの茶屋を造り、江戸柳橋の若い三人の芸者がお茶や日本酒でもてなした。これが大変な評判を呼んだ。七月四日の『航西日記』に、地元新聞が書いた「日本の家屋」の記事を載せている。

現今、日本の家屋は博覧会中の珍物の随一である。(略)すべて、日本の家屋はこんなものだというのではないが、小《こ》商人《あきんど》の住家および茶店の雛形をしめしたものである。(略)家はふたつに区画され、中に廊下を設け、入り口の方は飯台を設けて茶酒を客に供している。奥の方には三人の少女、おすみ、おかね、おさとというものがいる。あるいは独楽のようなものをもてあそび、または国の風習にしたがって、小管をもってタバコをふかして時をすごしているようである。その管はタバコがひとつまみしかはいらず、わずかひと吸いで尽きてしまうので、何回か、つめなおして吸うのである。

この茶屋の芸者を見ようと、連日、大勢の見物人が押し寄せ、木戸銭は六万五千フランにもなったという。清水は、パリ万国博覧会での功労を称えられナポレオン三世から銀メダルを授与されている。この後、アメリカへ渡り、翌年の五月に日本へ戻った。

明治二年（一八六九）、日本橋に「瑞穂屋《みずほや》」を開業し、西洋の歯科医療器具類を日本に輸入するなど実業家としても活躍した。また、仮名文字論者としても知られ、『明六雑誌』に平仮名による表記が国民への知識の普及に役立つと投稿している。

フランスの変心

万国博覧会の華やかな催しの一方で、予想もしない事態が生じていた。前年八月、ロッシュ公使の肝いりで締結した六百万ドルの借款契約が、泡となって消えていたのだ。

勘定奉行の小栗は、日本を発つ使節団一行にこう言った。

「フランスでの滞在費は、借款契約先のクーレが世話をしてくれます。また、名誉総領事のエラールも万事心得ておりますので、ご心配ありません」

だが、違っていた。ホテルの宿泊代や借家の賃料、生活費などにより、日本から持参の五万ドルでは到底足りない。クーレとエラールを通じて三万ドルを借りて凌《しの》いでいた。

フランスとの借款契約は、ソシエテ・ジェネラール社がイギリスのオリエンタル銀行を通じて融資するとしていた。担保は、日本とフランスの有力商人が設立する「交易《こうえき》（貿易）組合」が、品質の優れていた日本の生糸などを取扱い、それで得る利益とした。

当時、フランスでは、蚕《かいこ》の病気が大流行してリヨン地方を中心とする絹織物業が危機に瀕していた。そこで、フランスは日本の生糸を購入したが、その量はわずかであった。イギリスが日本の貿易シェアの八割以上を占めていたからだ。フランスは、交易組合により日本の良質な生糸や蚕種《さんしゅ》（蚕の卵）を独占的に買い入れようとしたのである。

だが、イギリス駐日公使のパークスらが、この協定はフランスに貿易の特恵《とっけい》を与えることになり、自由貿易を謳《うた》う修好通商条約に反すると激しく抗議してきた。また、パリ駐在のイギリス大使が、条約違反をフランス外相に問いただすなど、本国でも大きな問題となった。

フランスは、パリ万国博覧会の開催で国力を全世界に示したが、外交上の失敗が続いていた。プロイセンとの戦争が避けられない情勢にあり、孤立を深めていたナポレオン政権は、イギリスとの対立をこれ以上激化させたくなかった。

慶応二年（一八六六）の七月に、ナポレオンはロッシュのよき理解者のリュイス外相を更迭した。後任の外相ムスティエは、徳川幕府に莫大な借款を返済する余力は残っていない。むしろ、幕府が倒れるかもしれないとみていて、一方的に、幕府に肩入れすることに強い懸念を持っていたのである。

フランス政府は、こうして従来の幕府支持の方針を変えた。そして、借款契約も消えた。

モンブラン伯爵と薩摩藩の策略

フランス政府の方針変更には、薩摩藩が深く関与していた。薩摩藩は、欧米各国の国王や大統領らが招待されるパリ万国博覧会で、幕府と対等であることを列強に示そうと考えていたのだ。

家老の岩下方平《みちひら》を全権大使とする十二人の使節団は、密かにイギリス船で日本を発ち、昭武一行より二か月も早い慶応三年（一八六七）一月二日にパリへ着いた。二月二十七日の博覧会開場式には、岩下が琉球国王の使節として出席し、陳列場では、島津家の家紋を掲げた「薩摩琉球国」として、薩摩焼や煙草《たばこ》、琉球の特産物などを展示した。

本国では、慶喜と薩長藩らの倒幕派との対立が、一段と激しくなっていた頃である。

薩摩藩は、パリでも幕府と一悶着《ひともんちゃく》を起こすのだが、その裏には、フランス生まれでベルギーの男爵でもあるモンブラン伯爵がいた。

伯爵は、池田使節団や外国奉行の柴田剛中《たけなか》らがパリに来た際に、フランス政府要人との会談や市内見学などの世話をした。だが、彼の不審な言動から信用されなかった。

幕府の対応に不満を抱いたモンブランは、薩摩藩のイギリス留学生である五代友厚《ごだいともあつ》や新納久修《にいろひさなが》らと接触した。そして、薩摩藩とベルギーとの貿易商社設立の話を持ちかけた。

岩下が渡仏した本来の目的は、この商社設立の本契約を結ぶためである。結局、契約は成立しなかったが、彼はパリ万博における同藩の代理人として大いに暗躍する。

モンブラン伯爵は、日本に強い関心を持っており二度訪日している。文久二年（一八六二）に再来日した際、横浜で知り合った斎藤健二郎をフランスへ連れ帰り、秘書兼通訳として雇っていた。この斎藤に池田使節団の一行がパリで会っている。元治元年（一八六四）三月二十二日のことである。さぞかし驚いたことだろう。

同使節団の岩松太郎の『航海日記』に、この時のことが書いてある。その現代語訳が載っている熊田忠雄の『そこに日本人がいた！』から引用してみる。

日本人が一人、フランス人になっていた。彼は三日ほど前に、使節団がこのホテルへやって来ることを耳にして訪ねて来た。彼とはいろいろな話をした。（略）兄は医者で、自分も少しは医術の心得があると言っている。今から四年前にフランスの高官と一緒に当地へ来たとのことで、今もその人物の所にいるという。

そして、同書には、「彼の生家は中仙道熊谷宿。兄は医師で斎藤隆貞という名前であり、自分は健二郎と名乗った」とある。斎藤は、間違いなくパリに住んだ最初の日本人で、熊谷宿の生まれであった。フランス名はジラール・ケンといった。

なお、斎藤は十一月に薩摩藩士らと一緒に帰国するが、この後、同藩の機密を幕吏に漏《ろう》洩《えい》したという嫌疑を受け、海中に投げ込まれて非業の死を遂げている。

この斎藤と清水、栄一は、同じ北武蔵地方（埼玉県北部地域）の出身である。徳川幕府の最後の年に、パリ万国博覧会に関係して遠く離れたフランスのパリにいた。これは驚き以外の何ものでもない。ただ、栄一が、彼らとどう関わったか不明なのが残念である。

薩摩藩は、伯爵の提言を受けて独自に「薩摩琉球国勲章」を作成し、ナポレオン三世や各国政府高官らに贈った。これは、薩摩が独立国であるかのような効果をもたらした。国際社会において親善外交の輪を広げるのに、勲章は非常に有効なアイテムである。しかも、フランス人に限らず、勲章を授与されることは名誉であり、誰もが好んだ。全権公使の向山は慌てて本国へ作成するよう打電したが、既に後の祭りであった。

琉球王国の博覧会委員長であるモンブラン伯爵が、向山と面会したのは、三月十六日のことだ。向山や外国奉行支配組頭の田辺らは、彼の職名や薩摩藩の展示形式に関して厳しく詰問するが、伯爵も激しく抗論《こうろん》した。

翌十七日、日本出品取扱委員長であるレセップスの自宅で、フランス外務省の役人らを交えた両者による会議をもった。田辺は、薩摩藩は幕府の支配下にあり、琉球は同藩の所領にすぎないと主張した。だが、全権委任されたモンブラン伯爵は、琉球王国としての参加だとして承知しない。激しい論争が続いた。

これについて、レセップスは、「日本国と琉球国の関係は政治上の問題であり、博覧会は誰でも出品できるので、我々には関わりがない」と言うだけである。仏政府は、幕府側の立場につく姿勢をみせることはなかった。

ナポレオン三世による博覧会視察を明日に控えていた。レセップスの必死の調整で、幕府は「日本大君《たいくん》政府」、薩摩藩が「薩摩太守《たいしゅ》政府」、肥前藩も「肥前太守政府」とし、ともに日の丸を掲げることになった。なお、この時、肥前藩一行はまだパリに着いていない。

翌日の『フィガロ』などの新聞に、次のような記事が掲載された。

「日本という国は、プロイセンのような連邦国家である。日本大君というのは決して日本全国に君臨しているものではない。二百諸侯があって、各々その国の政治をしている。その証拠に、昨夜のレセップス邸での会合で、日本公使館の書記官の田辺は、大君政府の外に、薩摩太守政府と肥前太守政府それぞれを、自ら認めた」

これは、老獪《ろうかい》な伯爵の情報提供によるものだ。「政府」と訳されたフランス語の意味を深く考えられなかった田辺の失敗である。日本の統治者が幕府であることを真っ向から否定されたものであった。またしても、伯爵の巧妙な策略にしてやられた。

幕府は、「薩摩政府」などの偽称は到底許すことができない。責任を問われた向山と田辺は、後に帰国の命を受ける。急遽《きゆうきよ》、幕府随一のフランス通である外国奉行の栗本鋤雲《じよううん》をパリへ派遣することにした。だが、幕府は絶えず守勢に回らざるを得なかった。

パリ万国博覧会で、幕府と薩摩藩の政争が表面化し、日本の統治体制に関する記事が、フランスなど各国の新聞にたびたび掲載された。また、日本の出展品をはじめ、芸者や曲芸師、生活風習などが人々の話題となった。遠いアジアの「日本」という国が、思いがけなくヨーロッパの人々の高い関心を引くという結果を生んだ。

このことが、皮肉にも翌年に徳川幕府が終焉し、公家や薩長藩らによる新政府の樹立という明治維新の大変革について、ヨーロッパ人の理解を得る要因になった。

銀行家・エラールに学ぶ

栄一は、後に日本の近代資本主義の父と称されるのだが、そのきっかけとなる重要な人物に出会う。名誉総領事で銀行家のフリューリ・エラールである。彼と知り合ったことで、近代日本経済の発展に一生をささげる人物へと栄進していくのである。

栄一は近代国家の金融のプロであるエラールから、銀行の仕組みや業務内容、株式会社の設立要件や組織を学んだ。また、貨幣制度や株式、債券などの有価証券、為替等の仕組みなど、その現場を見ながら経済や金融に関する知識を習得することができた。

山本七平の『近代の創造』に、エラールから直接学んだ栄一の言葉が載っている。

此『バンク』というものは他人より金を預りもする、貸もする、為替の取扱もする。別に又公債証書と云うものがある。是は国家が借用証文を出して之を融通するのである。其外に合本法により組織する鉄道会社があって、同じく流通し得る処の借用証文を出すのである。

実際に、栄一は二万両でフランスの公債を購入し、鉄道会社の株を買った。昭武の留学費用や生活費を工面するためである。公債は銀行よりも高い利息がつき、株は、その会社の営業成績がよければ株価が上がり、配当金が多くなることを知る。母国の都合で、急に帰国することとなったが、五、六百両も儲かったという。

欧州では、個人や銀行からの出資により会社が設立・運営され、労働者は賃金を得て生計を立てており、それらの税収で政府が成り立ち、軍も存在していた。経済の発展が、個人の生活を豊かにし国家繁栄の推進力となっていたのである。会社が利益を追求し、実業家が社会から尊敬される近代資本主義社会の姿を知った。

これらを学んだ栄一は、明治初期に銀行や株式取引所などの金融機関を設けて、数多くの会社を作っていくことになる。

ところで、日本よりはるかに進んだ列強の経済・金融制度などを、栄一はなぜ理解し得たのだろうか。彼のこれまでに得た知識と経験に、その要因があった。

まず、栄一が生まれた「中の家」の家業が、藍玉の製造・販売であったことが大きい。これはまさしく商売である。十代から藍葉や藍玉の売買をこなしていた栄一は、物やお金の流通、儲けの方法など経営者としての素養を身につけていた。この経営感覚が生きた。

次に、一橋家の家臣となった栄一が、播磨特産の晒し木綿の生産販売を盛んにするために、他藩では評判の悪かった藩札を活用したことが挙げられる。藩札は藩内の紙幣である。藩札をうまく流通させて木綿の生産が増えて、領民の生活が豊かになり、藩の財政も潤った。このことが、金銀貨よりもはるかに便利な紙幣による商売の仕組みを知らしめた。

さらに、一橋家の勘定組頭に任命されて、勘定所の改革を行ったことである。財政担当部署のすべてを掌握でき、一橋家財政の収入から支出までの流れが分かった。

そして、何といっても、日本で最も金融制度が進み、商品取引が発展していた大坂の商人や両替商らと接したことだ。彼らから手形や先物取引の仕組みを学び、日本の商品経済の実情を知っていた。この基礎知識を得ていたことが大きかった。

栄一が、日本の社会にぜひとも取り入れたいことがあった。昭武の教育係である軍人ヴィレット中佐と、銀行家エラールとの対等な関係である。日本では、「士」と「商」の身分格差は決定的なのだが、このフランス人の二人には全く上下の意識がなかった。むしろ「士」であるヴィレットが、「商」のエラールに一目《いちもく》置くこともあった。

武士の傲慢《ごうまん》で見下した態度の一方、農民や商人らが卑屈なまでに武士を仰ぎ見る「士農工商」の制度下の日本では、到底あり得ない。二人が接する姿から、栄一はいかなる身分や職業でも平等な関係の近代社会を築くことの重要性を強く感じていた。これこそが、あの岡部藩での屈辱を忘れない栄一が、めざしたい日本社会の姿であった。

後に官僚となる栄一は、四民平等や士族の解体を進め、身分の解放を実施する。とりわけ、商工業界を発展させるためには、根強く残る「官尊民卑」の打破こそが自らの大きな役割だと自覚していくのである。

この先進ヨーロッパで得た知見や体験により、それまでの尊皇攘夷や討幕などの思いを超越し、日本の近代国家のあり方を自らのものにした。もはや、栄一は単なる使節団の一員ではなかった。

栄一が見たパリの街

昭武に随行した栄一は、ヴィレットやエラールらの案内でパリ市内を見学し、近代都市として必要な生活基盤をつぶさに見聞した。このことは、日本の近代化をめざして取り組んだ街づくりや、病院、福祉施設などの整備に大いに役立ったことは言うまでもない。

そのいくつかの様子を、『航西日記』から引用しよう。

四月二日、凱旋門に上った栄一は、パリの街並みについて次のように書いている。

ここから見下ろすと、正面は王室の門前にまっすぐむかい合って道路が直線ではしることおよそ十八町ほど、道路は三面にわかれ、中側は広く、馬車や荷車などの通路で、両側はガス灯が立ち並び、また樹木が影をおとしている。ガス灯の下から、両側とも人家の軒下までは、漆喰《しっくい》のたたきになっていて、歩く人の往来になっている。馬車道と人行の道の境界のところどころに噴水泉を仕掛け、風で埃がたつ日には、ゴム管で水をまき、また、馬車道の端に小さな溝があって、ところどころから大きな溝に雨水を流しおとすようになっている。パリ都下の壮麗な市街は、みな、このようになっている。

四月十二日は、ブローニュの森について記している。

ブローニュの森は都下最大の公園で、凱旋門から一条の大路が通じている。周囲二、三里もあるだろう、樹木がうっそうと茂って、道が幾筋もあり、中央の広い道は馬車を通じ、樹林中の左右の小径《こみち》は遊歩または騎馬の行路となっている。清掃はいたって行き届き、池にはめずらしい鳥魚を飼い、小艇があって自由に漕ぎ遊ばせる。（略）中島には佳木奇花を植えて茶店も奇麗にたてつらね、風流の士などは晩餐を命じたりする。この池には、滝や泉などがしつらえてあり、夏は夕涼みの場所になっている。

こうした綺麗に整備されたパリの街や公園を見たことが、栄一が晩年に構想・企画した田園調布の街づくりに生かされたことは間違いないだろう。

四月二十四日の『航西日記』に、大変驚いたパリの地下水道について書いてある。

市街往来の下に一本の洞道をとおし、洞内は立って歩けるほどで、下方に一条の川を流し、両側は歩け、市中人家の渇水や汚水までもが、みなこの川に注ぐ。各所に注ぐ穴があって、滝のように落ちる。上には太い鉄管を通じて飲用水を水源から遠く引き、細い鉄管にはガスを釜元《かまもと》から引いて各家に分配する。（略）洞中陰々として臭気が鼻をうつ。ようやく日の目を見るにいたって気持ちがよくなった。この地下水道は人家の汚物を流すので、常にそのために掛りの人夫がいて、機械で掃除して、つまらないようにしている。

暗く悪臭が漂う中、気持ちが悪くなりながらも、あくまでも自分の目で確かめようとする。こんなところまで興味深く現場を見る外国人は、他にはいないだろう。それにしても、十九世紀の中頃のパリで、既に上下水道やガス管が整備されていたとは驚くばかりである。

五月六日に視察した市内の病院は、こうである。

一室ごとに病者が数十人床を並べて寝ている。寝台にはみな番号があり、寝具はすべて白布を用い、もっぱら清潔を旨としている。看護はみな尼僧の仕事になっている。薬局や食料所なども十分なつくりである。滝のように水をそそぎ下して頭からかぶる設備（シャワー）や浴場もある。床下に蒸気管を通じて冬季には各室を暖める。また、暗い一室があり、六、七個の寝台に死体をのせ、木のふたをして、顔の上は布でおおい、そばに表示の札がある。これは、（略）死屍が日を経て、かならずその病いのあるところから腐敗するので、検査によって発見するためのたすけにしているという。（略）この病院はパリの市中のある富豪の未亡人が功徳《くどく》のために、若干の金を出して創築したもので、その人の写真を大きくして入り口にかかげてある。

栄一は、麻疹《はしか》で長男をわずか生後六か月で亡くしている。パリで見た病院は、さぞかし羨ましい限りの設備であったであろう。

また、病院が、パリ市内の富豪からの資金で建てられたことを知った栄一は、後に自ら率先して病院や福祉施設などへ積極的に資金援助し、運営に関わっていくのである。

パリの栄一からの便り

栄一は、パリから郷里の父や妻のちよ、尾高に手紙を出している。先に帰国する杉浦に託したものだ。尾高への手紙については、渋沢秀雄の『父 渋沢栄一 上巻』に、その抄録《しょうろく》が現代語訳になって載っている。少し長いが引用する。

西洋の開化文明は、聞いていたより数等上で、驚き入ることばかりです。（略）私の考えでは、結局外国に深く接して長ずる点を学び取り、わが国のためにするほかはなく、以前の考えとは反対のようですが、いまさら日本が孤立《こりつ》することなど思いもよりません。あなたの御意見を伺いたく思います。

当地の物価が高いことは、日本の五、六倍です。しかし金融は自由自在で紙幣も流通し、正金《しょうきん》同様に通用しています（註、むろん当時の日本に銀行も兌《だ》換券《かんけん》もなかった）。世界の大勢は物価を一国内だけの相場にとどめてはおきません。外国と交際する以上は、外国で適用している金本位制にするより、日本の物価を安定させる道はないと考えます。

（略）水や火を使う便利《べんり》な仕掛にはビックリしました。パリの地下はすべて水と火の道です。火はガスといって形なくして燃え、火炎《かえん》が実に清明で、夜も満面を照らして昼間のようです。また水は全部噴水《ふんすい》で、町のところどころから吹いています。その水をそそいで道路のホコリをしずめます。そして家は七、八階、たいがい石造で、座敷の壮麗なことは公侯のすまい以上です。

手紙に「外国に深く接して長ずる点を学び取り、わが国のためにするほかはなく」とか、「外国と交際する以上は、外国で適用している金本位制にするより、日本の物価を安定させる道はない」と書いている。栄一は、わずか三年前まで熱烈な攘夷論者であった。その彼の柔軟な思考と先見性、洞察力の素晴らしさを改めて思い知らされる。

ちよあての手紙には、洋装姿の栄一の写真（四ページ参照）が同封されていた。丁髷《ちょんまげ》を切って蝶ネクタイをした夫の変わり果てた格好に驚いた妻は、「あまりに見る目もつらいお姿です。どうか、元の姿になってください。なぜあなた一人がそういう格好なのですか、心が痛みます」と、その思いを返事に書いている。

栄一の姿について、尾高は妹のちよに次のように諭したと、同書に記されている。

外国の事情を知るには、その国の人と親しくなるのが何より肝心だ。外国人の中で侍姿などしていては、誰も打ちとけた交際をしてくれまい。それでは外国へいった甲斐もなくなる。姿はどんなに変っても、心は日本の篤太夫さんに間違いない。

使節団の一行で、断髪して洋服姿になったのは栄一が最初であり、その思いは、師である尾高の言葉の通りである。二人とも進取の気性に富んだ人物であることがよく分かる。

欧州列強を歴訪

昭武は、八月からスイス、オランダ、ベルギー、イタリア、イギリス、ドイツ、ロシアの七か国を訪問する予定であったが、大きな問題が生じていた。

フランスとの借款契約が消えたために、欧州歴訪や留学の費用を早急に工面する必要に迫られたのである。会計担当の栄一は、向山や幕府留学生らと金融機関等に折衝し、オランダ貿易会社のハンドル・マスカペーから五万ドル、イギリスのオリエンタル銀行から五千ポンドを借りることができた。だが、ここでもフランスの協力姿勢はみられなかった。

もう一つは、歴訪メンバーの選定である。経費面からも人数を絞り込む必要に迫られていた。問題は水戸藩士七人の処遇である。昭武の傅役である山高が話した。

「皆を引き連れて各国をめぐるわけにはいかないので、お供を二人だけにしたい。後の者はパリに留まって勉学に励んでもらいたい」

「何を言うか。我らは夷狄《いてき》の学問をするためにフランスまで来たのではない。あくまでも民部公子のお供をするのが我らの任務である。我ら一同でなければお役目を果たせない。それができぬというなら、民部公子を一歩たりとも外へお出しはせぬ」

水戸藩士は大変な剣幕である。昭武も「小姓《こしょう》が供をしなければ、各国へは行けぬ」と言う。困った山高は、栄一に藩士たちの説得を依頼した。

栄一が彼らと談判する。

「これほど説明をしても命《めい》に従えないとすれば、全員帰国するしかあるまい。責任上、私も皆と一緒に帰ることとしよう。だが、ここまで来て他国へ行かないのはどうかと思うのであれば、山高殿の指示に従ってもらうしかない。どうする、二つに一つだ」

藩士の中で意見が分かれて、なかなか結論が出ない。頃合《ころあ》いをみて口を出した。

「それでは、民部公子の歴訪は何回かに分けて行くので、一回に三人ずつ、交代で随行してはどうか。藩士の方々は、必ず一度は民部公子と外国を視察することになり、お役目を果たせるではないか。これでよければ、山高殿にお願いしてみよう」

毎月の幕府からの送金でやりくりするためには、三回に分けて歴訪するしかなかった。また、一度に三人の随行は、山高の了承を事前に得ていた。

こうした交渉術は、あの平岡がみせた自分の思うように人を動かす術に学んだものであろうか。ともかく見事な交渉力と説得力で解決した栄一は、皆から高い評価を得る。

昭武一行の欧州歴訪の様子についても、『航西日記』で紹介する。

八月六日の朝、汽車でパリを出発して、夜、スイスのパールに着いた。八日に大統領に謁見する。その後、ベルンやジュネーブなどで、民兵による軍事演習や最新の武器貯蔵庫、有名な時計工場や絹織物工場、金銀の細工工場、電信機工場などを見学した。

雪を頂くアルプス山脈やジュネーブ湖など、スイスが世界に誇る山水の美に富んだ風景に驚嘆し、楽しんだことであろう。

十三日には、パリへ急遽派遣された外国奉行の栗本ら五人が、首都ベルンで昭武らの戻りを待っていた。栗本は、将軍が日本を治めている政体の由来を記した『国律』や、琉球は将軍から薩摩藩に付与されたとする『琉球略記』などを持参していた。

そして、ロッシュから、これらの文書を翻訳してパリ駐在の各国公使に配り有力な新聞に発表するよう助言をされていた。また、肝心の六百万ドルの契約は、新たな担保を「蝦夷《えぞち》地産物開発権」として交渉することなどを、昭武らと協議した。

八月十八日、一行はオランダを訪れた。江戸時代で唯一貿易が許された国だけに、国王や大勢の市民から大変な歓迎を受けた。国会議事堂やダイヤモンドの研磨工場、軍艦や海軍施設、銃砲製造所などを見学する。二十日には、国王ヴィレム三世に謁見した。

二十四日、同行のシーボルトの案内で、前年九月に亡くなった父・フィリップのライデンにある別荘を訪れた。彼は、シーボルト事件で有名である。

文政十一年（一八二八）九月、フィリップが帰国する際、収集品に国外持出禁止の日本地図が見つかり、翌年、国外追放を受けた。だが、日蘭修好通商条約の締結で追放が解除となり、安政六年（一八五九）に彼は再来日を果たしている。

フィリップは、オランダの国命で日用品から美術品、植物学、動物学、地理学と幅広く膨大な品々を収集した。ライデンの別荘には、日本の書画骨董などが多数飾られ、日本庭園が整備されていた。一行は、母国を思い出し感慨にふけったことであろう。

八月二十七日、ベルギーのブリュッセルに着いた。その歓迎ぶりはオランダに劣らぬぐらいに盛大で、翌二十八日には国王レオポルド二世に拝謁した。小国ながらヨーロッパ屈指の工業国となったベルギーは、鉄や石炭などの重要鉱物に恵まれていた。一行は製鉄所や兵器工場、ガラス工場などを訪れるとともに、花火大会や狩猟を楽しんだ。

九月九日、国王の招待の晩餐会が王宮で開かれて、栄一らもご相伴《しょうばん》にあずかった。

九月十二日、パリへ三十七日ぶりに戻る。

そのパリでは、通訳のシーボルトに関して、栗本が向山や山高と激しい議論を交わしていた。フランスに着いたら解雇する予定だったからだ。彼が各国語に通じて心配りができるために、向山らは昭武の歴訪に欠かせないとした。だが、シーボルトの気配りには、最初から思惑があった。

九月二十日、イタリアをめざした昭武一行の前に、馬車によるアルプス越えという大きな困難が待ちかまえていた。二十二日の『航西日記』には、次のように記している。

朝六時、ジリジャンスという馬車二輛をやとって出発した。（略）山はいよいよ深くなり、道はますますけわしくなった。奇岩絶壁に石畳の道がかろうじてへばりついているような感じになってきたので、馬車をおりて、歩いてよじのぼり、頂上に達した。（略）

サンミセールからスーザまで、馬車の馬を六回もかえた。そのはじめは二匹、四匹、または六匹、中ごろは八匹、けわしい道では十二匹でひいた。そのけわしさ、困難さは理解できるであろう。

翌春には、モン・スニ峠にフェル式鉄道が開通し、四年後に、アルプス山脈にフレジュス鉄道のトンネルが通ずる。昭武一行は、馬車で峠を越えた唯一の日本人となる。

二十二日、イタリアへ入った。一行は、当時の首都のフローレンスで議政堂や石細工所を見学した。二十七日には、国王エマヌエレ二世に謁見し、遠国からの訪問の労に報いるために昭武一行に勲章が贈られた。

十月五日には、あのピサの斜塔を見て、

「今にも倒れんばかりで、微風にも耐えられないのではないかと思われるほどで、実に奇観であった」とある。


イタリアに滞在中に、イギリス公使の書記官が来訪し、近海にあるイギリス領のマルタ島への招待の申し出があった。実は、この舞台裏でシーボルトが動いていた。

宮永孝の『プリンス昭武の欧州紀行』の「序章」には、次のように書かれている。


イギリス政府の回し者《スパイ》として昭武一行の船に乗り込んだシーボルトは、公子《こうし》をはじめ向山駐仏公使や山高ら側近を丸め込むことに成功した。

シーボルトは一行の動静をつぶさに観察し、それを逐一、イギリス外務省のハモンド外務次官に報告した。かれの一連の諜報《ちょうほう》活動は、ついぞ発覚することはなく、維新後こともあろうにかれは新政府につかえた。そのルポはすべて書簡のかたちでいまイギリスの文書館に保存されている。

向山や山高らは、パリ万博で薩摩藩と対立した際や、六百万ドルの借款契約を反故《ほご》にした時のフランス側の冷たい態度に不信感を強めていた。イギリスによる裏工作が功を奏したのである。一行を反仏にさせることで、自らの国益を図るイギリスの諜報活動は凄《すさ》まじかった。このシーボルトの暗躍に、日本側は誰も気がついていない。

栄一は竜門社の講演会で「仏蘭西《フランス》時代の思い出」として、次のような話をしている。

それから英吉利《イギリス》、仏蘭西の待遇の仕方でありますが、英吉利の初めの内の所作は余程徳川幕府に対して冷淡なやうに見えましたが、後にはさうでなくなりました。どうしてかく変わつたか、それ等の内情は知りませぬけれども、兎に角変りました。

(略)民部公子が伊太利を訪問して、其帰りに英吉利の案内でマルタ島へ巡廻したことがございます。此時にマルタ島に於て民部公子を待遇した英吉利の処置は、全くそれこそ一国の元首の代表者と同じやうでありました。

(尾佐竹猛『幕末遣外使節物語』)

十月十一日、イギリス軍艦でマルタ島に着いた一行は、栄一の講演にあるように大変な歓迎を受けた。そして、最新軍艦や大砲などの武器、弾薬庫などを見学し、世界最強のイギリス軍の一端《いったん》を知る。また、毎夜の饗宴には、軍士官の妻や娘が接待したというから、まさに、軍挙げての歓待ぶりであった。

この後、一行は二十四日にパリへ戻る。

十一月六日、イギリス本国へ向かうため、昭武らは汽車に乗り込んだ。七日、イギリス郵船でドーバー海峡を渡り、特別列車で首都ロンドンに着くと、イギリスの政府関係者や留学生ら多くの人が出迎えてくれた。イギリスでは、国会議事堂やウィンザー城、クリスタルパレス、海軍工廠《こうしょう》などを見学し、九日には、ヴィクトリア女王に拝謁した。

十五日の『航西日記』には、関心が強かった大英銀行の様子を次のように記している。

朝十時半、バンク・オブ・エンゲランド（大英銀行）という政府の両替所ならびに金銀貨幣の鑑定場および貯蓄する所、地金置場、紙幣製作所などを見た。

場所は広大であって製作の方法はすこぶる簡易軽便でしかも厳粛である。金銀を貯蓄している状態はまるで小山か丘のようで、小さな鉄車で地金を運搬し、造幣局は地金の鋳型から板金の製法および円型に打ち抜く機械や貨幣面の模様を打刻する方法、貨幣のふちにきざみをつけることから、製造した貨幣の分量や合金比率の検査など、また紙幣の製造もきわめて精緻をきわめ、方法もまた厳密である。

この日の日記もそうなのだが、『航西日記』には、初めて見ることばかりなのに実に細かなところまで詳細に書いてある。知識欲に燃える栄一の観察力と記憶力の凄《すご》さに驚くほかはない。栄一は、近代文明国家としての日本の将来像を描いて、欧州列強で見聞したこれらを日本に取り入れようと綿密に記していたのだろうか。

十一月二十二日、五か国の訪問が終わり、一行はパリへ戻る。

外国訪問で通貨の交換用務を担当した栄一は、外国通貨の交換レートや各国の通貨事情を自ずと知ることになった。また、鉄道を利用しての各国歴遊で、多くの人や物の移動を容易にし、国を豊かにするには、鉄道の整備が不可欠であることを強く思い知らされた。

昭武に随行した栄一は、ベルギーの国王レオポルド二世の話が、最も強烈な印象として残った。九月九日の晩餐会《ばんさんかい》でのことである。

レオポルド二世は、昭武に話しかけた。

「まだお若いのに日本からはるばるヨーロッパまでよくいらっしゃいました。ところで、貴方は我がベルギーを視察されていかがでしたか」

「国内各所でいろいろと拝見しましたが、特に工業都市・リエージュの製鉄工場は、その設備が素晴らしく、また規模が大きいことに大変驚き感心しました」

国王は、これに非常に満足した様子で言う。

「外国を訪問される際は、その国の産業を視察することが最も必要です。中でもこれからは鉄が特に重要となります。したがって、製鉄事業の盛んな国は必ず栄えると信じています。幸い貴方は、将来日本において重要な地位につく方であるから、よくこの点をご記憶なさるとよろしいでしょう。また、日本が鉄を必要とする際は、ぜひ、生産が豊富で品質も良い我が国の鉄を使っていただきたい」

この発言に、栄一は非常に驚いた。レオポルド二世が言われることに全く同感であるが、いやしくも一国の王が、「我が国の鉄を使っていただきたい」と話したのだ。

将軍が、日本の生糸を外国人に売り込むということは絶対にあり得ない。だが、ベルギーの国王は、当然のように自ら製鉄業の発展に努めている。先進国では、自国の製品を輸出して外貨を稼ぐことで国を豊かにしていたのである。

近代社会では「鉄は国家なり」である。だからこそ、小国のベルギーは、鉄の生産・販売により、フランスやドイツなど強大国に負けないだけの国力を富ませていた。

これを知る栄一は、明治初期に日本初の官営工場である富岡製糸場を建設するなど、外貨の獲得に多大の尽力をした。もちろん、一刻も早く欧米列強に追いつくためである。

昭武のパリ留学と使節団の帰国

十一月下旬にイギリスから戻った昭武は、パリで本格的に留学生活を送る。昭武の教育は、慶喜からナポレオン三世に直接依頼されていたために、責任者のヴィレット中佐をはじめ、フランス政府が推薦する教師により授業が進められた。

留学といっても、学校に行くのでなく、教師が自宅に来て教えた。まずはフランス語の勉強から始まり、絵画や歴史、乗馬・兵式体育などを学んだ。だが、帝王学や政治・経済、数学などは、母国の政変で教わることができなかった。

そして、ドイツとロシアへの歴訪は中止せざるを得なかった。日本からの毎月五千ドルの送金がいつまで続くか分からないからだ。

また、役目を終えた使節団の一行と、在欧の幕府留学生を帰国させることにした。しかし、一度に全員が帰るわけにはいかなかった。

既に、杉浦と生嶋、山内六三郎の三人は、八月二十二日にマルセイユから帰国の途についた。薩摩藩との軋轢《あつれき》の事情説明と、昭武の今後について本国と協議するためである。

十二月二十一日に、帰国命令が出ていた向山ら七人と、病気などを理由に水戸藩士の井坂ら四人、計十一人がパリを出発した。

翌年の二月十三日、ヴィレット中佐と始終対立していた山高が御傅役を免じられたが、引き続き留学生取締役としてパリに残った。栄一は山高の任務も兼ね、昭武の御用取扱ならびに外国奉行支配調役に昇格した。忙しくなるばかりである。

四月二十四日、後からパリに来た栗本や、パリの病院で研修していた医師の高松などの幕府留学生ら二十三人が帰国の途につく。この時の栄一の働きぶりについて、医師・高松凌雲の生涯を描いた吉村昭の『夜明けの雷鳴』には、次のように書かれている。

眼を充血させた渋沢は、

「(栗本) 安芸《あき》守様は、御帰国なさる。それ以外のことは明日以降にきめる」

と言い、自分の部屋の方に歩いていった。

(略) 栗本と渋沢が話し合いをつづけ、概略が決定した。

昭武は、御用状の指示にしたがってそのままパリにとどまる。故国の情勢がどのようになっているのか不明で、昭武が帰国した場合、将軍慶喜の弟であることから殺害されるか切腹を強いられる恐れがある。そのような不運に遭わぬためにも情勢を静観し、支障はないと判断された時、帰国するのが賢明であるという結論に達したのである。

(略) 帰国までに、栗本はしておかねばならぬ仕事があった。フランス政府に昭武の後事を託し、さらに重要なのは昭武の滞在費と栗本の帰国旅費の捻出であった。これについては、会計担当の渋沢が奔走することになった。

閏《うるう》四月二十八日に、川路太郎 (川路聖謨《としあきら》の孫) や林研海《けんかい》 (医学者) など欧州にいた幕府留学生二十三人が帰路につく。パリに残留するのは、使節団で昭武と栄一、菊池、三輪、それと留学生の山高、栗本貞次郎（鋤雲の養子）、小出涌之助《ようのすけ》らわずかである。このため、昭武の身辺については栄一がすべての責任を負うことになった。

親友・杉浦譲からの手紙

パリから帰国の途についた杉浦は、慶応三年（一八六七）十月十六日に横浜港へ戻ってきた。明らかに国の様相が異なっていた。二日前の十四日、慶喜は朝廷へ大政奉還を行っており、既に徳川幕府は政権を返上していたのだ。そして、幕府と薩長藩らとの激しい攻防は、最終決着を迎えようとしていた。

混乱の極みにあった幕府において、杉浦は、パリでの薩摩藩の謀略とそれへの対応、昭武の将来に関する協議事項などを慌《あわ》ただしく報告した。二十七日、外国奉行から「徳川民部大輔《たいふ》のフランス留学中の事務については、江戸で取り扱うこと」を命じられた。

杉浦は、天保六年（一八三五）九月二十五日、甲斐国《かいのくに》山梨郡甲府西青沼（現在の山梨県甲府市）の幕臣・杉浦七郎右衛門の長男として生まれた。若くして徽典館《きてんかん》（現在の山梨大学）を優秀な成績で卒業した杉浦は、安政四年（一八五七）に同館の学頭に赴任した田辺太一に見出され、その後、江戸へ呼ばれ彼の配下として外国奉行所に勤めた。

パリへの使節団は、田辺の部下としての二度目の外遊である。栄一と杉浦は、使節団で同行して親友となり、この関係は終生続いた。

パリの栄一は、杉浦から何通もの手紙を受け取った。それには、かつてない大変革に激しく揺れ動く本国の政情について、杉浦の思いも含めて事の詳細を記されていた。

その現代語訳が、高橋善七の『初代駅逓正《えきていのかみ》 杉浦譲』に紹介されている。十月二十一日付の手紙は、次の通りである。

この度の大変革一条について京都の模様はわかりかね、ただ召集された諸大名合議の上、仰せ出されることもあると毎日心配している。外国公使はまだ外交の手のうちを見せず、江戸ではわからないので書記官を大坂へ派遣して伺わせるなどと申している。

天下の形勢はこのようで、江戸幕閣では毎日役人をひんぴんと罷免して、方針が一定しない状態である。それで、外国局なども掛を入れ替え、外国奉行、同総奉行並、または外国奉行並などは多人数でき、何をするのか毎日混雑していて、それらはそれぞれ親戚、知己を引きずり込んで、私恩を売るほかなく、人情は紙より薄く、仕えにくいので、帰農したい心境だがそれには田地二町歩なければ仕方ないと嘆息している次第である。

この手紙からも、大政奉還で幕府内が大混乱となり、仕事をする状況にないことがよく分かる。杉浦は、状況を十分に把握した上で自らの考えを示した。これは、栄一が昭武に報告する際に大いに役に立ったことであろう。

本国の政変に関する記事は、十一月頃からフランスの新聞に載るようになった。翌年の慶応四年（一八六八）一月二日、幕府から十月十四日の大政奉還の御用状が届いた。同日の栄一の『巴里御在館日記』（『渋沢栄一伝記資料 第一巻』）に、

「夕五時半御国御用状著、政態御変革之儀其外品々申来る、夜栗本安芸守来御用状相廻す」と書かれている。

この「政態《せいたい》御変革之儀《ごへんかくのぎ》」が大政奉還を意味する。皆が一様に驚きの声をあげたが、栄一だけは、京で弱体化していく幕府をみて、このことを予測していた。

年若い昭武の胸の内には、様々な思いが錯綜《さくそう》したに違いない。最も信頼している兄・慶

喜が渦中《かちゆう》にあるにもかかわらず、何もできない自分がどんなに無念であったことか。また、徳川家は一体どうなるのだろうか。直ぐに帰国すべきか、このままパリで留学を続けてよいかどうか、将来への不安も非常に大きかったはずだ。

だが、昭武の『御日記』には、「夕刻日本より悪き新聞有り」としか書いていない。これこそが君主たる器というものだろうか。

帰国の途《と》に

五月十五日の夕方、エラールが明治政府からの昭武宛の帰国命令書を持ってきた。翌日、山高らと相談した栄一は、本国の事情を詳細に説明し昭武の意向を聞いてみた。昭武は、兄・慶喜が三月に水戸へ移ったことを知ると、新政府の命令に従うと言う。

栄一は、内戦状況にある母国に帰るよりも、できる限り留学を続けて勉学に励むべきだと主張した。また、ヴィレット中佐も「日本の事情が更に変わるかもしれないので、しばらくは様子をみた方がよい」と、早急な帰国に反対した。

昭武は、五月二十七日付で帰朝する旨の返事を出したが、いつ帰るかは書いていない。

ヴィレットから国内旅行を勧められ、六月十四日からノルマンディーやブルターニュ地方に出かけた。この小旅行には、ヴィレットと栄一、菊池の三人が同行した。昭武は日記に「有益で楽しい旅であった」とフランス語で書いている。

二十三日にパリへ戻ると、長兄で水戸藩主の徳川慶篤《よしあつ》が四月五日に死去したとの知らせが待っていた。また、七月二十日に届いた御用状には、昭武が水戸家を継ぐことが決まり、先に帰国した井坂と服部の二人がパリまで迎えに行くとあった。

こうなると、もう帰国するしかない。二十四日、フランス側に、昭武は帰国する旨を正式に伝えた。早速その準備に入る。銀行口座の解約や家賃の精算、家具の処分、土産物の用意、帰国手続きなど、すべてが栄一の仕事であり、多忙を極めた。

八月三十日、昭武らは、避暑地のピアリッツに滞在している皇帝ナポレオン三世の一家に別れの挨拶をするために、パリを後にした。そして、マルセイユを出港したのは九月四日である。前年の二月二十九日、この港町に着いてから約一年半のフランス滞在であった。

栄一は、この滞欧で知り得た数多くの近代社会の組織やシステムを、全精力を傾注して日本に根づかせていく。決して封建社会を否定するのではなく、その基盤の上に築くのである。これは、ヨーロッパ近代社会を隅々まで知った栄一にしかできないことであった。

マルセイユからは、ほぼ往路と逆の行程で帰路につく。栄一は、日本に近づくにつれ、寄港地で母国の様子を把握するように努めた。

十月十七日に着いた香港では、奥羽諸藩が新政府軍に抵抗して戦うが、会津城が落城したことや、幕臣の榎本武揚が、海軍を率いて蝦夷地の箱館に向かったことを知る。

二十七日に上海に着くと、銃の買入れで来ていた会津藩士・長野慶次郎と同藩の軍事顧問の貿易商スネールが、栄一に面会を求めてきた。長野は、スネールも力を貸してくれるので、民部公子を幕府軍の拠点である箱館へお連れしてほしいと願い出る。

栄一は、「新政府や水戸藩からの帰国命令による帰途《きと》であり、公子を危険な箱館にお連れすることはできない」ときっぱりと答えた。

日本に近づき、薩摩の地を目にした昭武は、「正午頃、あの薩摩めの岸に沿って進む」と、十一月一日の日記にフランス語で書き込んでいる。パリ万国博覧会で、薩摩藩の策謀《さくぼう》にさんざん苦汁《くじゅう》を飲まされたことが決して忘れられなかったのであろう。

昭武や栄一らを乗せた船が横浜に入港したのは、明治元年（一八六八）十一月三日の夕方であった。年号が、慶応から明治に変わっていた。

2　明治維新と渋沢一族

慶喜、大政奉還をする

第十五代将軍・慶喜が直面する重要課題は、修好通商条約に基づく兵庫・新潟開港と大坂・江戸開市《かいし》の問題、それと第二次長州征伐にかかる長州藩の処分であった。

兵庫開港と大坂開市などは、ロンドン覚書で五年間の延期が認められ、慶応三年（一八六七）十二月七日が開港・開市日となった。慶喜は、この年の三月、大坂城で各国の公使らと接見し、十二月の兵庫開港を確約した。勅許を得ないままである。

薩摩藩の西郷や大久保利通らは、これが朝命《ちょうめい》違反であるため、同藩の島津久光と前宇和島藩主の伊達宗城《だてむねなり》、前土佐藩主の山内容堂、前越前藩主の松平春嶽《しゅんがく》による四侯《しこう》会議で、慶喜の責任を問うことにした。開港を阻止すれば、幕府が行き詰まると踏んだのである。

五月十四日、四侯は、二条城で慶喜との会談に臨んだ。勅許なく外国公使に開港を確約したことを責めた四侯は、開港問題よりも長州処分を先に奏請《そうせい》するよう主張した。だが、慶喜の巧みな弁舌と懐柔策により、結局、朝廷へ同時奏請することで決着する。

そして、二十四日の朝議では、熱弁をふるった慶喜の意見が強く反映され、兵庫開港などが勅許を得た。また、長州藩への処分も許されたが、内容は曖昧なものであった。西郷や大久保は、雄藩連合の四侯会議でも事態を打開できないことを思い知り、政略に優れる慶喜の排除と、武力による倒幕に踏み切ることを決意する。

土佐藩の後藤象二郎と坂本龍馬は、慶応三年（一八六七）六月九日、藩船「夕顔丸」で京をめざして長崎を出港した。この船中で、龍馬は後藤に「船中八策」を示した。天皇を中心にした新しい国家体制に関する八つの基本方針である。龍馬は、国家を統一するために第一策の大政奉還を早急に行うべきだと強く促した。賛意を示した後藤が動いた。

七月十三日、山内容堂に、土佐藩が将軍・慶喜に大政奉還させれば、政局の主導権を握れると建議した。また、薩摩藩と安芸藩にも事前に了解を得た。

十月三日、土佐藩は、大政奉還を慶喜に建白した。慶喜は、政権を返上しても圧倒的な勢力を有する徳川家が国家運営を手中にできると考えた。また、薩長藩らの武力倒幕の動きを阻止するためにもこの方法しかなかった。慶喜と土佐藩の思惑が一致したのである。

十三日、将軍・慶喜は、二条城に上洛中の四十藩の重臣を集めて天皇に政権を奉還すると伝えた。翌十四日、朝廷に大政奉還を奏請した。

同日、薩長藩に倒幕の密勅《みつちょく》が出された。だが、大政奉還がなされており倒幕の意味をなくしていた。また、この密勅は、明治天皇の直筆でなく花押《かおう》（署名）もなかったという。武力倒幕をめざす薩長藩と公卿の岩倉具視《ともみ》らによる陰謀であった。

十月十五日、大政奉還が勅許された。これは、二百六十四年の徳川幕府の終焉であり、鎌倉幕府からの武家政権の幕が下りたことを意味していた。

王政復古の大号令

大政奉還された朝廷だが、政権を担当する体制もなければ能力もなかった。六百七十年以上も幕府に任せていたのだから当然であろう。二十四日、慶喜は朝廷に将軍職の辞表を出したが、保留となる。また、幕府の広大な領地や強力な軍などもそのままである。

朝廷は、大名会議で今後の体制や運営の仕方を審議、決定するとし、それまで、慶喜に政務を委任した。その朝廷でも、親徳川派の摂政《せっしょう》の二条斉敬《なりゆき》や賀陽宮朝彦親王《かやのみやあさひこしんのう》が権力を握っていた。大政奉還した後、幕府や朝廷に大きな変化は起きなかった。

一方、あくまで慶喜排除をめざす西郷や大久保らは、岩倉と密接に連絡を取り合い、王政復古を目論んでいた。天皇の祖父である公家の中山忠能《ただやす》を抱き込んで天皇を手中にし、一気に朝廷を掌握するクーデター計画である。この頃の土佐藩では、板垣退助が中心の武力倒幕派の勢力が強くなっており、後藤も賛意を示していた。

慶喜が越前藩から王政復古の計画を知らされたのは、十二月六日のことである。兵庫開港と大坂開市の前日で、動きようがなかった。主要な幕閣の多くが京を留守にしていたからだ。また、配下に大久保や後藤のような謀臣《ぼうしん》がいない。政権を返上した慶喜は、松平春嶽らに思いを託すしかなかった。

十二月八日、岩倉は、自邸に薩摩・土佐・安芸・尾張・越前藩の重臣を密かに集め、王政復古の断行への協力を求めた。天皇親政《しんせい》であれば、徳川家の一族である尾張と越前も反対しないと踏んでいた。天皇の下に全国統一を成し遂げるために必要なことであった。

この日の朝議は、徹夜となる。長州藩主らの官位復帰と長州藩の入京許可、岩倉の赦免《しやめん》が決まり還俗《げんぞく》と参内《さんだい》が認められた。また、三条実美ら五卿の赦免も決まった。なお、この朝議に、慶喜は病気を理由に出ていない。

翌九日の朝、慶喜側の公家らが退出後、薩摩藩ら五藩の軍が禁裏の全門を一挙に固めた。禁裏守衛に当たっていた会津藩や桑名藩の兵士らは、二条城に引きあげるしかなかった。

への立ち入りは厳しく制限され、二条摂政や賀陽宮親王なども入ることができない。用意周到なクーデターが成功した。

早速、岩倉が正装姿で参内して、王政復古の断行を奏上した。天皇は、御学問所において親王や公家、藩主らを前に、王政復古の大号令を発した。

江戸幕府と摂関《せっかん》制度（摂政・関白）の廃止、慶喜の将軍職の辞職を勅許し、京都守護職・京都所司代を廃止する。新たに総裁、議定《ぎじょう》、参与《さんよ》の三職を置くというものであった。

総裁に有栖川宮熾仁親王《ありすがわのみやたるひとしんのう》がついた。議定は小松宮嘉彰《こまつのみやよしあきら》ら親王、中山忠能や中御門経之《なかみかどつねゆき》ら公卿と、島津忠義《ただよし》（薩摩藩主）、山内容堂（前土佐藩主）、浅野長勲《ながこと》（安芸藩主）、徳川慶勝（前尾張藩主）、松平春嶽（前越前藩主）である。参与に岩倉、大原重徳《しげとみ》らが任命された。徳川慶喜の名前はどこにもない。慶喜はこれを知り驚くが、既に事は動いていた。

新政府は、反幕府派の公卿と薩摩や土佐ら雄藩による連合政権と言えるが、決して、一枚岩ではない。九日の夜、宮中の小御所《こごしょ》で三職による初の会議が開かれた。天皇が臨席《りんせき》し、大久保や後藤らも陪席が許された。小御所会議での最大の難題が慶喜の処遇であった。

山内が口火を切る。

「この会議に、これまで多大な功績を残した慶喜公を参列させないのは公議に反する。将軍として誰よりも朝廷をお守りしてきたではないか。直ちに参内を命じるべきである」

岩倉は、これまでの慶喜の言動を厳しく批判した。

「慶喜は、朝命に反して兵庫開港などを外国公使に約束し、また、大政奉還後、外交権の継続を宣言したではないか。大政奉還も慶喜の本心かどうかは怪しいものだ」

「いや、大政奉還は、慶喜公の忠誠心から行ったことは確かである」

議論が進む中で、山内が思わず口を滑らした。

「今回の件は、幼冲《ようちゅう》の天子《てんし》（幼い天皇）を擁した二、三の公卿らによる陰謀である」

「御前会議であるぞ、幼冲の天子とは何ということか」

「公卿らによる陰謀とは何ごとか、言《げん》をつつしめ」

出席の公卿らから厳しく叱責《しっせき》された山内は、失言をわび、沈黙するしかなかった。

議題が、慶喜の辞官（内大臣の辞任）と納地（幕府の領地）の献上へと移ると、岩倉や大久保らは、慶喜が受け入れなければ、討伐すべきだと強気に出た。新政府には収入源がないために、幕領地の半分の二百万石を没収しようと考えていたのである。

だが、春嶽や後藤は、「まずは、薩摩藩が納地を献上すべきだ」と食い下がった。

議論が分かれたまま、一旦休憩となる。岩倉は、人を介して後藤の説得に当たった。これが功を奏した。後藤は、天皇が相手の手中にあり、御前会議で徳川家をこれ以上擁護しても仕方がないこと、まだ挽回する機会があることを山内や春嶽らに伝えて、了承を得た。彼らが、新政府における自らの地位の確保を考慮したとしても不思議ではない。

再開後、岩倉は丁重に春嶽らに協力を求め、慶喜の辞官と納地の献上が決まった。

翌十日、慶勝と春嶽が二条城に出向き勅命を伝えた。慶喜は辞官を了承したが、納地返上は即答しなかった。城内は幕府軍や会津藩、桑名藩らの兵士たちであふれかえり、一触即発の雰囲気にある。彼らがこの一方的な仕打ちに黙って従うはずがない。

慶喜は、薩摩とは戦えても天皇に弓は引けない。尊皇の教えは守らなければならない。これまで朝廷に誠心誠意尽くしてきたという自負もあった。

十二日、慶喜は、松平容保《かたもり》（会津藩主）と実弟の松平定敬《さだあき》（桑名藩主）や幕閣、兵士らを従えて大坂城へ移った。武力衝突を避けるためである。

一方、京では、山内や春嶽らにより妥協をめざす動きが広まっていた。岩倉は、慶喜が辞官と納地の申し出さえすれば議定《ぎじょう》に任命してもよいと言う。次第に、小御所会議の決定が骨抜きにされようとしていた。

西郷は、江戸で幕府を挑発する策略に出た。薩摩藩士や浪士らに市中で火付けや略奪、盗賊などの騒動を起こさせ、二十三日には、薩摩藩士らが江戸市中警護の庄内藩の屯所を銃撃した。二十五日、報復すべく庄内藩士らが江戸薩摩藩邸を焼き払う。

二十八日、大坂城の幕府軍側にこれが伝わると、城内は奸賊《かんぞく》・薩摩を討つべしと一気に興奮のるつぼと化す。慶喜はその勢いを抑えきれず、薩摩藩の討伐を決意した。幕府軍との戦端《せんたん》を開こうとした西郷の作戦が、見事に成功する。

慶応四年（一八六八）一月二日、幕府軍や会津藩、桑名藩らは、京に向けて鳥羽街道と伏見街道を進軍した。翌三日、長州軍と合流した薩摩軍らは、両街道で幕府軍を迎え撃つ。遂に、鳥羽伏見の戦いが始まった。

鳥羽伏見の戦いと慶喜の謹慎

一月三日の戦いから、上野戦争、さらに会津戦争や庄内戦争など東北各地で戦いが続き、翌年の五月の箱館戦争までの戦いを総称して戊辰《ぼしん》戦争という。

新しい日本の夜明けのために必要だった戊辰戦争では、西洋式の近代軍事訓練を受け、大砲や鉄砲などの銃砲戦に勝る薩長軍らが優位に戦いを進めた。幕府軍は、フランスを通じて最新鋭の武器を備えていたが、佐幕派の諸藩の多くは軍備の近代化が遅れていた。だが、最大の問題は、幕府軍側に有能な司令官がいなかったことだ。このために、旧来の戦法で戦うしかなかった。

鳥羽伏見の戦いでは、五千人ほどの薩長軍が西郷や大村益次郎《ますじろう》、山縣有朋《やまがたありとも》らの軍指揮官の下で、一万五千人の軍勢を誇る幕府軍側を退けていく。

五日、薩長軍が「錦の御旗《にしきのみはた》」を戦場に掲げた。これが勝敗を決した。薩長軍は「官軍」となり、幕府軍は「賊軍」になった。これにより淀藩や津藩らが、官軍側に寝返った。

六日の夜、敗戦が決定的となった慶喜は、松平容保・定敬や幕閣らと幕府の軍艦「開陽丸」で江戸へ向かう。まさに敵前逃亡とのそしりを免れない行動である。案の定、総大将がいなくなった幕府軍らは大混乱に陥る。翌七日、慶喜に朝敵として追討令が出された。

この戦いで、薩長藩ら武力倒幕派が主導権を握り、公議政体派の勢力は失墜する。と同時に、政治の実権が、諸侯から戦闘を指揮する若き藩士らに移ったことを意味した。

また、朝廷が賊軍に加勢するものは朝敵とみなす旨を布告した。すると、西日本の藩主たちは、一気に官軍支持へ傾いた。

十二日、慶喜は江戸城に入った。四年二か月ぶりのことである。翌月の二月十二日には、徳川家の菩提寺である上野寛永寺に蟄居・謹慎する。誰よりも尊皇の思いが強い慶喜に、天皇の軍と一戦を交えることは許されない。もう、これしかなかった。

慶喜は、事態収拾を陸軍総裁の勝海舟と会計総裁の大久保一翁《いちおう》に命じた。主戦論者が多い幕府内で慶喜の意図をくみ取れるのは、この二人ぐらいであった。

三月九日、江戸制圧をめざす東征《とうせい》軍の参謀・西郷は、駿府《すんぷ》（現在の静岡県静岡市）で勝海舟の使者である山岡鉄舟と会談した。西郷は江戸城総攻撃の回避条件を示し、これに関する事前交渉が行われた。

西郷が薩摩藩江戸屋敷に入ったのは、江戸城総攻撃の直前である。幕府側の勝は、官軍参謀の西郷と江戸開城に向けての最終交渉を薩摩藩邸で行った。十三日に一回目が開かれ、十四日、二回目の会談で勝から幕府側の回答を西郷に示した。

慶喜が水戸で謹慎することや、武器・軍艦は処分後に差し渡すなど、官軍が提示した条件よりも曖昧で骨抜きの内容であった。だが、勝を信頼する西郷は、翌十五日の総攻撃を中止させる。これにより、江戸は戦火から免れ、江戸城の無血明け渡しが決定した。

この三月十四日は、明治天皇が新政府の基本方針である「五箇条の御誓文《ごせいもん》」を公卿や諸侯などに示し、明治政府が実質的に始まる日でもあった。

なお、イギリス公使のパークスらは、新政府と旧幕府の内戦に対して万国公法に基づき局外中立を宣言した。実際に、薩長軍から協力要請を受けたパークスだが、恭順・謹慎し無抵抗の慶喜を攻撃することは、万国公法に反すると強く申し立てた。この外圧は、江戸城への総攻撃回避を官軍の強硬派に説得する上で、大きな役割を持った。

喜作（成一郎）、彰義隊の頭取となる

慶喜が江戸へ帰った後、大坂湾には幕府の軍艦が一隻もなかった。残された幕府軍兵士を東帰させるために奥右筆《おくゆうひつ》の渋沢喜作が紀州藩と交渉した。喜作は、同藩の軍艦に兵士らを乗せて指揮・監督に当たったが、江戸に着くまでどんな思いを抱いたのだろうか。

二月四日、喜作は江戸へ戻った。数日後、従弟の須永伝蔵（当時、於菟之助《おとのすけ》）が幕府陸軍調役《しらべやく》であった伴門五郎《ばんもんごろう》を連れてきた。彼らから、これまでの主君の恩に報い、朝敵という汚名《おめい》をそそぐための企てへの参加を要請された。喜作は回答を保留する。

慶喜が寛永寺に籠もった十二日、雑司ヶ谷《ぞうしがや》の茗荷屋《みょうがや》に一橋家からの家臣で陸軍調役並の本多晋《すすむ》（当時、敏三郎）や須永、伴ら十七人が集まった。さらに同志を呼びかけることに

なり、十七日の会合は四谷鮫ケ橋《さめがばし》の円応寺で開き三十人が参集した。二十一日には六十七人が参加した。この時、喜作が姿を見せ、「尊皇恭順有志会」が結成された。

この会合の様子が、荻野勝正の『尾高惇忠』には、次のように記されている。

さて、成一郎が円応寺に姿を現わすのを待って、伴門五郎が一同に紹介した。議論は沸騰し、さながら討論会のようであった。（略）とても収拾がつきそうにない。

そこで成一郎が立って、

「臣下として尽くす道はいろいろあろうと思うが、われらはまず、第一に死生をともにすること。第二に方向を一定にすること。第三に方向は衆議によって決すること。以上について諸君に異議がなければ、ただちに血誓しよう。」

と述べると、一同は「まさに明論である。われらに異議はない。」と言い、ここに血誓帖が作成され、成一郎が第一に署名血判し、第二番に天野八郎が筆をとった（略）

二十三日、結成式が浅草・東本願寺で行われ、〝大義を天下に彰《あきら》かにする〟として「彰義隊」と命名した。その目的は、「主君・慶喜公の汚名をそそぎ、公の無実と勤皇の御素《そ》志《し》を天下に明らかにして、名誉回復を図ること」とした。

選ばれた幹部は、次の通りである。

頭　取　渋沢喜作（成一郎）

副頭取　天野八郎

幹　事　本多晋（敏三郎）、伴門五郎、須永伝蔵（於菟之助）

喜作の強い要望で尾高が参謀となり、渋沢平九郎も加わった。結成式で決議された「同盟哀訴申合書」は幕府に差し出されるが、これは尾高が起草したものだ。

幕臣でもない尾高が、なぜ彰義隊の結成に加わり官軍と戦うことになったのか。朝敵という無実の汚名を着せられても、何の言い訳もせずに謹慎する慶喜の無念を晴らしたいと考えたからである。

栄一が日本にいたならば、慶喜を慕う念が誰よりも強いことから、当然のように彰義隊の頭取として先頭に立っていたに違いない。だが、時代はそれを望まなかった。

副頭取で旗本の天野八郎は、上野国甘楽郡《こうずけのくにかんら》磐戸《いわど》村（現在の群馬県甘楽郡南牧《なんもく》村）の生まれである。少し粗暴な一面があったが、胆力があり隊員の支持を得ていた。しかし、喜作と天野は、最初から彰義隊への思いがかけ離れていた。

幕府ゆかりの者らが続々と彰義隊に参加するが、喜作らが願う「慶喜公の汚名をそそぎ、名誉を回復する」という結成当初の目的が徐々に変わっていく。

「もともと鳥羽伏見の戦いは、当方から仕掛けたのではない。薩摩藩の謀略によるものだ。このまま、おとなしく朝敵の汚名を着る必要がない」

「事ここに至っては、哀訴嘆願しても許されるとは思えない。むしろ士気を鼓舞《こぶ》して徹底抗戦をしようではないか。奸賊《かんぞく》・薩摩を誅《ちゅう》するべし」

薩摩らと戦うべきとする天野に賛同する声が、増幅していった。

喜作自身もまた、主君・慶喜を恭順・謹慎に追いやった薩長軍憎しの思いは変わることがなかった。だが、鳥羽伏見での官軍の戦い方や最新兵器の威力を承知しており、旧式の軍装備である彰義隊では、とても彼らに勝てない。

勝敗が見えていた喜作には、なぜ戦うのかという大義が重要であった。

事態収拾を任された勝は、新政府への軍組織と受け取られないよう彰義隊に江戸市中の警護を命じた。自らの行動に責任を持たせたのだ。火付けや略奪などが頻繁《ひんぱん》に横行《おうこう》する江戸の町にあって、彰義隊の活躍は町民から認められるようになる。

隊員が増えて、三千人ほどになることもあった。それに伴い、慶喜の身を第一に考える喜作らが少数派となり、官軍に徳川家臣の力を見せつけようとする天野らを支持する者が大多数となった。両者の路線対立は一段と鮮明になっていく。

四月三日、東征軍が江戸に近づく中、彰義隊は上野へ移った。慶喜が謹慎している上野寛永寺には、既に高橋泥舟《でいしゅう》が、千五百人ほどの精鋭隊、遊撃隊を率いて身辺護衛に当たっていた。彰義隊は、上野の山の外周りを警護することになる。

十一日、江戸城が無血開城し、慶喜は水戸へ移った。官軍との武力衝突を危惧した勝は、彰義隊の解散を強く促した。だが、天野派は、徳川家の霊廟守護《れいびょうしゅご》を名目に寛永寺を拠点として上野に居座り続けるとした。

喜作は提案する。

「慶喜公が水戸へ去られた以上、江戸を離れて、陣容を強固にして戦う方法もあるではないか。このまま上野で戦えば、江戸城下が灰になってしまう」

「いや、何としても江戸市中に踏みとどまり、薩摩ら官軍と一戦を交えて失墜した徳川家の権勢を回復させるべきだ」

天野派は、幕臣の力を朝廷に見せつければ、徳川家を再興できると考えた。喜作らとの溝は深まるばかりだ。また、江戸市中で官軍との殺傷事件が頻繁に起こり、規律は一段と乱れた。そして、天野派の一部が、喜作や尾高らを襲撃した。天野らと袂《たもと》を分かつことを決意した喜作は、自ら彰義隊を見捨てた。

飯能《はんのう》戦争と渋沢平九郎の死

慶応四年（一八六八）四月二十八日、喜作らは江戸を離れて西北に向かい、「振武《しんぶ》軍」を新たに結成した。尾高の命名である。

閏《うるう》四月十九日、振武軍は、田無《たなし》村（現在の東京都西東京市）の西光寺（現在の総持寺《そうじじ》）に本陣を構えた。隊長は喜作、参謀長に尾高、平九郎は参謀の任についた。当初百人余りの隊員であったが、彰義隊の離脱者や近隣の郷士らが加わり、徐々に増えていく。喜作は、軍規を定めて乱暴行為や略奪を固く禁止した。

一方、彰義隊は、寛永寺貫主である輪王寺公現入道親王《りんのうじこうげんにゅうどうしんのう》を擁立して官軍に対抗した。

五月一日、新政府は、彰義隊に江戸市中の取締を解き武装解除を命じた。だが、従わなかったために、十四日、彰義隊への総攻撃の布告が出される。

翌十五日早朝、長州藩の軍師・大村益次郎の指揮の下、雨が降る中、上野の山への総攻撃が開始された。薩摩や長州、肥前、尾張、津など十七藩、総勢二千人の官軍に対して、彰義隊は千人ほどであった。官軍の総攻撃が近づくにつれ脱走者が続出していたのだ。

絶対的な戦力の差は歴然である。本郷台から打ち込まれた肥前藩のアームストロング砲の威力は凄まじかった。寛永寺の主要な伽藍《がらん》はすべて焼失し、勝敗は一日で決した。

この上野戦争で、彰義隊の戦死者は二百人を超えた。天野は、七月、市中に潜伏しているところを捕まり獄中で病死する。逃れた兵士の中には、品川沖の榎本が率いる幕府艦船に乗り込んで、東北戦争や箱館戦争に身を投じた者もいた。

十五日の夜、振武軍は、官軍を側面から討つために上野をめざしていた。しかし、翌朝、彰義隊のあっけない敗戦を知り退却する。十八日、武州飯能（現在の埼玉県飯能市）へ転じて古刹《こさつ》・能仁寺《のうにんじ》に本陣を敷いた。兵士の数は増えて、五百人ほどである。

飯能近辺に一橋領が十七村あった。喜作自身、四年前に栄一と巡回して兵士募集に当たっており地勢はよく承知していた。この地は、武蔵野の平地が尽きて、背後及び両側面は秩父や奥多摩の山地に囲まれ、戦うには地の利を得た恰好《かっこう》の場所であった。

振武軍は、近くの観音寺《かんのんじ》や智観寺《ちかんじ》、広渡寺《こうどじ》などにも兵を配置したほか、近隣の村々から兵を集めた。また、能仁寺の裏にある天覧山《てんらんざん》の頂上に見晴し台を設置した。

上野の戦いを制した大村は、振武軍の討伐を命じた。官軍は、地元の川越藩や忍藩《おし》なども加えて総勢三千人近くで、新式の大砲や銃など兵器を十分に備えて飯能を取り囲むように進攻した。一方、振武軍には大砲がなく、江戸脱出の時に運び出した旧式の銃三百挺《ちょう》と近在から調達した猟銃のみである。最初から結果が分かっていた。

戦渦《せんか》に巻き込まれることが必至の地元民は、軍資金や食糧の調達を強制された上、身に危険が迫り、家や田畑がどうなるのか心配はつきない。歓迎する者は誰もいなかった。

振武軍は、官軍の主力が所沢から黒須（現在の埼玉県入間《いるま》市）方面に来ると考え、斥候を出して偵察していた。五月二十三日の早朝、新政府軍の兵士姿を見つけた斥候が、銃を撃ち込んだ。ここに、飯能戦争の火ぶたが切られた。

官軍兵士が大砲や鉄砲を自在に操《あやつ》りながら攻めてきた。二十三日の昼前、官軍は能仁寺への総攻撃を開始した。多数の雷が一度に落ちるような砲声の中、二発の砲弾が命中した能仁寺はたちまち火の海となる。半日で勝負がついた。

官軍は敗残兵狩りのために、村に火を放った。能仁寺や観音寺など四つの寺と、民家二百戸以上が焼失した。戦いが終わるまで山の中へ逃れていた村人たちは、村の大半が焼け野原となった光景に何ともやりきれない思いだけが残った。

参謀を務める平九郎は、弘化《こうか》四年（一八四七）十一月七日の生まれで、尾高の末弟である。背が高く文武に優れた美男子として近郷でも有名であった。フランスへ行く栄一の見立て養子となり渋沢姓を名乗るが、栄一より七歳年下にすぎなかった。

負け戦《いくさ》で逃散《ちょうさん》する中、平九郎は配下の兵とも離れてしまう。一人で逃げながら、顔振峠《かあぶりとうげ》（飯能市と越生《おごせ》町の境界の峠）にたどり着いた。そこに半ば戸を閉めた峠茶屋があった。新緑に燃える山々を見ながら、平九郎は自らを落ち着かせるかのように大きく深呼吸し、ゆっくりと息を吐いた。そして、何事もなかったかのように茶屋へ向かう。

平九郎が「ごめん」と言うと、年老いた女主人が奥から出てきた。

「いらっしゃい、どうぞ、お休みくだされ」

他に客がいないことを確かめながら、そろりと腰を下ろした。

「婆さん、ここは遠くに富士の山も見え、大変眺めのよい所だが、何という所かな」

「へぇ、顔振峠と申しますだ。源平《げんぺい》の昔、あの義経主従が奥州の平泉へ向かう際、この峠からの景色を何度も振り返ったことから、この名がついたと言われていますのじゃ」

「そんな昔からいわれのある所なのか。確かに、ここからの景色は見事なもんだ」

会話を交わしながら、お茶を出す老婆の目に映る平九郎は、敗走兵そのものであった。

「お前さんのことが、どうも気になって仕方がない。ふもとの越生村の方じゃ、官軍が来たと大騒ぎのようだ。ここらの者しか知らない秩父へ行く道を教えるから、早くそちらへお行きなさいな」

「いや、私は決してそういう者ではないよ」

お茶を飲みながら、そう言い張る平九郎であったが、既に自らの身分を見透《みす》かされていることが分かり、どう対応すればよいか迷っていた。

「でも、腰の刀だけは置いていったらどうじゃ。その格好では官軍に怪《あや》しまれるに違いない。店の縁の下に隠しておくから、しばらくしてから取りに来るがいい」

あくまで親切心で言う老婆の言葉に従うことにして、太刀《たち》を預けた。

外へ出た平九郎は、教えられた秩父への抜け道を行かなかった。故郷へ通じる黒山村(現在の越生町)へ向かう。危険を承知の上である。山を下りていくと、案の定、敗走兵を捜し回る安芸藩の兵士三人に見つかり取り囲まれた。一人は、鉄砲を構えていた。

「待て、お前はどこへ行く」

茶屋の老婆の助言もあって、平九郎は草鞋《わらじ》を履き服装を農民風に変えていた。

「私は秩父の神主の息子で、これから戻るところです」

「どこへ行っていたのだ」

「用があって、南の方へ行っていました。その帰りです」

「南だと。では飯能から来たのか」

「いや、飯能からではありません」

一瞬、平九郎の顔色が変わり、動揺する仕草を兵士らは見逃さなかった。

「さては、貴様、振武軍の落武者だな」

「そうだ、いかにも」

平九郎は開き直って言うやいなや、小刀で正面の兵の片腕を斬り落とすと、すばやくもう一人の兵士に斬りつけた。だが、同時に背後の敵兵から右肩を斬りつけられた。また、敵兵が発砲した銃弾が太ももにくい込んだ。右肩と脚から噴き出る赤き血を目にした平九郎は、怒りに震え鬼の形相《ぎょうそう》となって立ち向かい、三人に斬りつけた。

銃声を聞きつけた五、六十人の敵兵の一団が近づいてくる。それを見た平九郎は、来た道を数十歩ほど引き返したが、もう逃げおおせるだけの体力は残っていなかった。

近くの大きな岩に上がり、胡座《あぐら》を組んだ。安芸藩士が遠巻きに取り囲む。平九郎は、目を静かに閉じて故郷の母や兄、栄一ら肉親の顔を思い浮かべて、別れを告げた。これぞ坂東武者《ばんどうむしゃ》の最期だとばかりに「エイッ」と鋭い声を発して自害した。五月二十三日の夕方である。あまりにも短い二十二年の生涯であった。

平九郎の首は、越生宿（現在の越生町）で晒《さら》されたが、この後、若者の勇敢な最期を知った地元民が、密かに法恩寺《ほうおんじ》の境内に埋葬した。胴体は、黒山村の人たちにより村内の全洞院《ぜんとういん》に手厚く葬られ、その霊が弔《とむら》われた。村人は、このことを決して口外しなかったという。


自害した若武者が平九郎であることを尾高や栄一が知る経緯は、前記の『尾高惇忠』に書かれている。その概略は次の通りである。

飯能戦争で、官軍に召集された安戸村（現在の埼玉県東秩父《ひがしちちぶ》村）の医師・宮崎通泰が、平九郎に傷を負わされた二人の兵士を治療した。戦いの様子を聞くと、二人はともに「その武勇は敵ながらあっぱれであった」と若き敵兵を称賛したという。

絵心のある宮崎は、この話に感激して敗残兵の容貌や戦闘状況を絵にした。

宮崎からこの話を聞いた男衾《おぶすま》郡畠山村（現在の埼玉県深谷市）の素封《そほう》家の丸橋一之は、貴重な絵を譲ってもらい、機会あるたびに勇猛《ゆうもう》な若武者の話を人々に伝えた。

それが平九郎と分かるのは随分あとのことで、中瀬村（同）の斎藤喜平がこの絵を見た時である。一目見て「この若武者こそ尾高平九郎だ！」と驚き、直ぐ尾高に知らせた。


栄一は覚悟していたとはいえ、平九郎が自害したことを知った時に、どれほど後悔し、落胆したことだろうか。文武両面に秀《ひい》でた資質を持ち、将来を大いに嘱望《しょくぼう》されていた平九郎を、自らの見立て養子にしたばかりに死なせたのである。しかも、何もしてやれなかった。誠に耐え難き無念の思いであったに違いない。

後に、栄一は尾高とともに、平九郎の落命《らくめい》の地に足を運んだ。名も知らない若武者を丁重に葬《ほうむ》ってくれた地元の人々に深く頭を下げた。平九郎は、明治六年（一八七三）八月に東京・谷中の墓地に改葬され、最期を遂げた場所には碑《ひ》が建てられた。この傍には、平九郎の血を宿したと言われるグミの木があり、毎年、真っ赤な実をつけるという。

喜作や尾高ら六人は、平九郎が自害したその二十三日、天覧山の裏山伝いに横手村（現在の埼玉県日高《ひだか》市）へ逃《のが》れた。もちろん、平九郎の死は知るよしもない。

この辺りは、既に川越藩兵ら官軍四百余人によって固められていた。喜作の一縷《いちる》の望みは、横手村が一橋領であったことだ。

敗走中に、村役人の大川戸延次郎と会う。道案内を懇願したところ快く引き受けてくれた。大川戸は、一橋公の恩顧《おんこ》に報いようと覚悟を決め、闇に紛《まぎ》れて自宅に招いた。「脱走兵は猟銃で撃ち止めよ」とのお触《ふ》れが出ていたが、密かに酒食でもてなし着物も新しく仕立てるなど、一族総出で歓迎した。

吾野《あがの》宿までの案内役を務めるのは、延次郎の従弟である大川戸平五郎と信頼できる村人の須永多忠治である。官軍が要所を警備する中をかいくぐり、振武軍兵士の逃亡を手助けすることは、村人にとって死を覚悟の行動であった。ましてや、喜作は隊長である。

途中の井上村（現在の埼玉県飯能市）で、敗残兵の見張りをする人足たちに出くわした。一瞬たじろいだが、名主の井上範三が前へ出てきて「これはこれは、官軍のお侍様」と芝居を打つと、人足たちは皆が平伏《へいふく》して顔を上げなかった。吾野宿へ無事に着いた喜作らは、秩父へ逃れた後、地元の芝崎確次郎の道案内で上州へ行き身を隠した。

大川戸一族や須永、井上、芝崎など、誠に気骨あふれた義人《ぎじん》たちである。誰か一人でも官軍に知らせていれば、喜作たちも平九郎と同じ運命となっていた。

3　帰国後、静岡で合本組織を立ち上げ

慶喜の深慮《しんりょ》

昭武と栄一らは、明治元年（一八六八）十一月三日の夕方、約一年十か月ぶりに横浜港へ戻ってきた。出迎えたのは、使節団員の杉浦譲と保科俊太郎、旧幕臣の塩田三郎、留学生の川路太郎ら五、六人と、水戸藩士であった。しかも、人目を忍ぶ有り様で、出航した時と比べてあまりにも寂しい帰国である。

昭武は横浜へ上陸せずに、水戸藩士らと神奈川港へ小船で向かい、翌日に小石川の水戸藩邸に着いた。前将軍の弟であり、特別扱いである。栄一は、横浜税関の掛員から身分の確認や所持品を調べられ、その罪人のような取扱いに不愉快極まりなかった。

杉浦や川路らと再会した栄一は、久しぶりの日本料理を一緒に楽しんだ。また、田辺太一とも会い、旧情を温めながら慶喜の動向や戊辰戦争、維新の様子などを興味深く聞き出

した。東京に着いたのは七日である。既に、江戸は東京になっていた。

二十三日、懇意にしていた梅田の家で、父と四年ぶりに会った。ちよと娘の歌子は息災《そくさい》だと聞き一安心した。また、尾高は無事に帰郷したが、平九郎は消息が途絶えており、喜作も榎本が率いる旧幕府軍に加わり箱館にいるが、生死不明だという。

長七郎は、出牢《しゅつろう》した後も静養していたが、この十八日に錯乱《さくらん》の発作で亡くなった。やはり精神を害していた。享年三十一であった。

栄一は、長七郎のあまりにも悲運な人生に涙があふれ出た。彼が命を張って討幕計画を反対しなければ、間違いなく殺されていた。また、長七郎が人を斬らず、栄一の手紙を持っていなければ、一橋家に仕官することはなかった。自分の身代わりになってくれたと考える栄一である。だが、それがまた、時代が求めた二人の運命というものであろうか。

世の中の変わりようが信じられなかった。頭では分かるのだが、二年近くの間に起きた血で血を洗う一大変革を目にしていない栄一には、この現実を認め難かった。

今後の身の振り方を、父から問われた。

「箱館の幕府軍に加わるつもりはありません。これまで大変に恩顧を賜った慶喜公が隠棲《いんせい》されている静岡へ行き、農業か商いをしながら、公をお守りしたいと思います」

慶喜は、慶応四年（一八六八）七月十九日に水戸を離れ、二十三日に静岡の宝台院《ほうだいいん》に入り、謹慎生活を送っていた。その静岡に行く予定だと聞いて、父はホッと安心した。

十二月一日、栄一は五年ぶりに血洗島村に帰った。家族の無事な姿に感謝した。

この間、ちよは父母に仕えて、歌子を育てながら愚痴をこぼす相手もおらず、ただ堪え忍んでいた。しかも、夫はいつ帰ってくるか分からない。元気な栄一の姿を見て、やっと安心できた。ただ、六歳の歌子は、栄一を見てもキョトンとし、なかなか近づこうとはしなかった。無理もない、物心がついてから初めて目にする父親の姿である。

尾高とは互いの身の変遷を久しく語り合った。やがて、近隣の親族や知人たちも大勢集まり、欧州の土産話に耳を傾けた。七日、栄一は東京へ向かう。

東京でやるべきことが残っていた。使節団の経費の精算である。

栄一は、八千両で最新式の鉄砲を購入して昭武の水戸藩への土産とした。

そして、残りは静岡藩に渡すことにした。費用の明細をすべて記帳した栄一は、帰国時に金を残したが、こうしたことは、これまでの海外使節団で一度もなかったという。財務に優れ、律儀な栄一なればこそである。

また、この後、エラールに依頼していた家賃の精算や什器《じゆうき》の売払い金などが送られてきた。新政府と激しくやり合い、これも静岡藩に全額を引き渡すことで決着をつけた。同藩が受け取った額は約二万両にもなった。

洋行の後始末を終えたが、栄一は昭武のことが気になっていた。訪欧で二年近くも忠実に仕え身の回りのすべてをお世話した。昭武は何事も心を打ち明け、栄一を最も信頼するようになっていた。そして、日本へ帰る船中で昭武に言われた。

「水戸藩の藩主となるが、本当に頼りとする者はいない。騒動の多い藩で先のことが思いやられる。日本に帰ったならば、ぜひ水戸へ来て、私のよき相談相手になってくれ」

また、静岡へ赴く栄一に、昭武は慶喜に手紙を渡すよう依頼して言う。

「前将軍家（慶喜）から何らかの仰せがあるから、その返事を持って水戸に来てほしい。そして、ご無事な様子や近頃の過ごされ方を知らせてくれ」

「分かりました。必ずや水戸へ出向き、公のご返事やご様子などをお伝えいたします」と、栄一は答えた。


明治元年（一八六八）十二月二十日、栄一は静岡に着いた。徳川家が静岡藩に移され、藩主は田安家の当主・徳川家達《いえさと》である。石高はわずか七十万石で、大幅な減封《げんぽう》である。藩政の実権は、中老格の大久保一翁が掌握していた。

大久保を訪ねた栄一は、慶喜に拝謁し、パリ万国博覧会や外国訪問における昭武の活躍ぶりを報告したいと願い出た。また、昭武からの書状を慶喜へ渡すよう依頼した。

栄一は、二十三日の夕方、二代将軍・秀忠の生母、西郷局《さいごうのつぼね》（お愛の方）の菩提寺である宝台院を訪ねた。謹慎中の慶喜は、旧幕臣とはほとんど会っていないという。しかし、欧州における昭武に関する報告であることから拝謁が許された。

訪欧前、京の若州屋敷で将軍・慶喜に拝謁した。あれからわずか二年である。

古い宝台院の部屋は、六畳ほどで狭くて暗く、畳や座布団も薄汚れていた。羽織袴《はおりはかま》の慶喜が、すぐ目の前に座った。あまりに変わり果てた主君の姿を見た栄一は、悔しくて涙があふれ顔を上げられずにいた。ようやく、気を取り直して挨拶をした栄一の口から出たのは愚痴であった。

「このような場所で拝謁をたまわるとは、思いもかけぬことで誠に残念でございます」

慶喜は、一向に気にする風でもなく平然と言う。

「昔のことは、もうよい。それよりも民部公子のフランスでの様子を聞かせてくれ。そのために、こうして会っているのだ」

謹慎の身にある主君を顧《かえり》みず、心無いことを言ったと気づいた。栄一は、欧州における昭武の活躍ぶりを逐一《ちくいち》話した。それを興味深く聞いて満足した慶喜は「民部公子が無事に帰朝できたのもそちのおかげぞ」との言葉をかけてくれた。感無量の思いで退室した栄一であった。

そして、慶喜の毅然《きぜん》とした態度に改めて敬服した。ほんの一年前までは、天下の大将軍である。自らの置かれた処遇に不平不満の声の一つでも出そうだが、慶喜はそうではない。凡人にはできないことだ。

昭武の手紙への沙汰は、待てど暮らせど一向になかった。拝謁して四日目に藩庁から呼び出された。藩庁に着くと勘定所へ行けと言われ、勘定所では、礼服を着用してくるようにとの話であった。慌てて礼服を借りて中老詰め所に行くと、意外にも静岡藩の「勘定組頭」の辞令書を渡された。これでは話が違うと、栄一は猛然と反発する。

「私は、昭武公のご書面への返事を待っており、それを水戸に行きお伝えする旨の約束をしております。このように勝手な勘定組頭のご沙汰はお受けできませぬ」

これに驚いた勘定頭の平岡準蔵は、改めて大久保の口上《こうじょう》を伝えた。

「水戸への返事は、別に手紙を遣《つか》わすので民部公子に復命するに及ばない。藩庁では、必要があって命じたのであるから速やかにお受けするように」

「私は、お受けすることはできませんから失礼いたします」

栄一は、辞令書を投げ出して帰った。腹が立ってしようがなかった。その夜、平岡の使いが来て、直接、大久保が話をするからと伝えた。翌日、大久保に会う。

「そなたの立腹はもっともだが、これは上さまの御内意である。上さまは『渋沢を水戸にやると、民部公子が慕っている人物であるから重用するであろう。そうなると、心よからぬ者が危害を加えるかもしれぬ。水戸には、渋沢は当藩に必要だと申して、藩庁の仕事をさせよ』とのことであった。そこで、理財に優れた貴公を勘定組頭に取り立てたのだ」

栄一は、慶喜の深慮を知り、ただただ頭を垂れるしかなかった。今さらながら、辞令書を投げ出すという粗暴な振舞いを恥じた。そして、自分のような身分の者にまで、このような心遣いをする慶喜への感謝で胸が一杯になった。今後も「主君」として、精一杯の奉公をしなければと心に固く誓う。

合本組織による商法会所設立

自らの浅慮《せんりょ》を恥じ入るばかりの栄一だが、勘定組頭への就任は断《ことわ》り、この静岡で新たに商工業を興し、発展させようと考えた。フランス滞在中に、エラールから学んだ合本組織による会社を作ろうとしたのである。

新政府は、慶応四年（一八六八）四月から翌年五月にかけて四千八百万両の太政官札を刷り、各藩の石高に応じて貸し付けた。いわゆる「石高拝借金《こくだかはいしゃくきん》」である。太政官札を全国初の統一紙幣として流通させ、維新直後の各藩の財政窮迫《きゅうはく》を救い、殖産興業の資金とした。静岡藩は五十三万両を借り受けていた。

この石高拝借金の活用を考えた栄一は、二日ほどで「商法会所規則」を作成する。

商法会所は、藩の石高拝借金や商人などの出資金で運営することにした。事業により利益が出ればその出資額に応じて配当し、士民からの預金には一定の利子を支払う。今でいう株式配当と利息である。栄一がパリで得た知識に基づいたものだ。

現在の銀行と商社を併せた業務内容で、商品担保による貸付や定期預金、お茶や養蚕などの生産にかかる資金の貸付、米穀、肥料等の買い入れと販売・貸与などである。加入希望者は、誰でもよく金額の多寡《たか》も関わりないことにした。

栄一は、これらを勘定頭の平岡に説明し、「商法会所規則」を渡して検討を頼んだ。静岡藩にとっては、石高拝借金の元本を減らすことなく、商法会所が行う殖産興業で得た利益を返納金に当てられる願ってもない話であった。しばらくすると、平岡がこんな話をした。

「藩庁では、そなたの提案通り商法会所を設立することに決めた。事務所は、紺屋《こうや》町にある代官所を使えばよかろう。会所の総理は大久保様で、それがしは監査する役となる。そなたを頭取とし、商法会所の運営のすべてを任す。

また、商法会所の資金については、藩庁から一万六千両を出す。それに政府からの借用金の中から二十五万九千両を使ってよいとのことだ。それらを活用するがよい」

これにより、商人からの出資金とあわせて二十九万五千両ほどになった。

頭取の栄一の配下には、藩士数人が各部の掛員として任命された。そして、各部の担当実務は、藩内の豪商や新興商人ら十二人にさせることにした。

明治二年（一八六九）一月十六日、官民出資による合本組織（株式会社）の「商法会所」が設立された。

現在、静岡県は日本一のお茶の生産地である。これは、徳川幕府の崩壊で侍の身分を失った旧幕臣たちが、静岡藩に移住したことによるものだ。

安藤優一郎の『幕臣たちの明治維新』によると、維新時の旧幕臣は、旗本が六千人ほどで御家人が二万六千人とある。所領七十万石の徳川家が抱えられるのは、約五千人だが、藩内に一万三千人以上が移ってきたとのことだ。賄《まかな》い切れるはずがない。

旧幕臣の多くは自活を余儀なくされ、静岡藩から拝領された地を開墾して茶畑を広めた。新政府は外貨獲得のための輸出品として、生糸と茶の生産に力を入れていたからだ。

牧之原《まきのはら》台地の広大な茶畑は有名である。これこそ、旧幕臣たちが、数多くの苦難を乗り越えて不毛の原野を茶畑に変えていったものである。農作業経験のない武士たちが辛酸《しんさん》をなめながらの、まさに汗と涙の結晶が一面に広がる茶畑なのだ。

そして、これらに関わる資金は商法会所が貸し付けた。

栄一は、新政府が太政官札を大量に発行したことにより、その紙幣価値が下がり物価が上昇するとみていた。そこで、太政官札を早々と小判などと交換する一方、太政官札により東京で肥料、大阪で米穀を買い入れた。目論見《もくろみ》は当たり、肥料と米は予想通り値上がりする。相場を見計らいながらの売買で、藩は利益を収めた。

静岡の地で、栄一は欧州で学んだ会社や商売の仕組みを取り入れて成功した。日本が豊かな国になるには、先進国の経済システムにより産業を興し、外貨を稼がなければならない。それには、合本組織の設立が必要だと考えていたのである。

幕末期に、実に多くの有能な幕臣や雄藩の藩士たちが、海外視察団に参加したり、留学生として欧米列強を見聞したりしている。

『世界を見た幕末維新の英雄たち』（新人物往来社）によると、幕府が欧米先進国に使節団を派遣した回数は五度にわたる。このほかに上海使節団の派遣を四度、薩摩藩と肥前藩もパリ万国博覧会に出展するためにそれぞれ使節団を派遣した。

また、幕府や長州、薩摩などの雄藩は、オランダやフランス、イギリスなどへ留学生を送り込み、その数は百三十人に及んでいる。延べ四百人近くの日本人が、幕末に欧米諸国を見聞したことになる。勝海舟や福沢諭吉、伊藤博文、井上馨、榎本武揚、森有礼《ありのり》、新島襄《ゆずる》など、近代日本の国づくりに大きく貢献をした者が多い。

さらに、明治四年（一八七一）十一月、新政府は岩倉使節団を欧米諸国に派遣している。

留学生を含む総勢百人近くが海外へ渡った。

数多くの有能な人物が渡航するが、実業界で名をなすのは、わずか栄一と五代友厚、益田孝ぐらいである。また、五代と益田にしても栄一を超える功績を挙げてはいない。

これらの海外渡航者の中で、明らかに栄一だけが異質であった。

海外派遣された者のほとんどは、特権階級の武士の身分にあり、商工業に関心を持っていない。商売が家業の豪農に生まれた栄一は、列強の有り様を経営者の目で見つめていた。先進国に追いつくには、商工業を発展させるべきことを体で感じとっていた。

また、幕府の使節団で長く海外に滞在したのは、パリ留学が渡航目的の徳川昭武一行だけである。しかも、留学生と異なり国賓待遇の昭武一行には通訳がつき、あらゆる機関や工場を見学できる便宜を与えられていた。最も多い軍関係のほか、製鉄所、学校、銀行、病院、地下水道、絹織物工場、造幣局、新聞社など国民生活の全般にわたっていた。

この成果は、栄一が手がけた事業の手広さに表れている。金融をはじめ、繊維、海運、食品、陸運、保険、製紙、鉄鋼、電気、ガス、ホテル、病院、建設などである。近代日本の全産業に関わってきたと言えるだろう。

そう考えると、明治初期に産業の近代化を先頭に立って推進する栄一がいなければ、日本の先進国入りは大幅に遅れていたに違いない。

明治二年（一八六九）五月になると、藩庁から「商法会所として藩の資本で商いをするのは、中央集権化をめざす新政府の意向に反するから名称を変更せよ」との内意があった。大久保と相談した栄一は、九月に商法会所を廃止して「常平倉《じょうへいそう》」とした。そして、常平倉も軌道に乗り、事業が拡大していく兆《きざ》しもみえてきた。

十月二十一日に静岡藩庁から連絡があり、太政官から出仕の呼出状が来たという。常平倉の仕事があるから辞退したいと栄一が申し出たところ、大久保が言う。

「当藩庁がそちの出仕を断る旨を願い出たら、それこそ静岡藩は朝命《ちょうめい》に反して有用な人材を出さぬのかと言われ、上さまや藩主にご迷惑がかかる。東京へ行ってくれ」

栄一は、欧州で得た知見を生かしたこの仕事を一生続けるつもりで、三月に故郷から妻子を呼び寄せていた。初めての家族三人での水入らずの生活である。結婚以来、十一年の歳月が流れていた。栄一は三十歳、ちよは二十九歳で、歌子は七歳の可愛い盛りである。

だが、徳川家に迷惑がかかると言われるとやむを得ない。十月二十六日、栄一は東京へ向かう。

第四章
栄一、大蔵官僚になる

1 大隈重信——付かず離れず

大隈の強引な説得

栄一が太政官《だじょうかん》へ出頭したのは、明治二年（一八六九）十一月四日であった。民部省「租税正《そぜいのかみ》」（現在の局長クラス）の辞令を受けた。全く思いもよらぬことである。旧幕臣の自分が、なぜ新政府の主要ポストに就任しなければならないのか。

しかも、税に関する専門知識はない。官僚は、幕府と敵対した公卿や薩長藩などの藩士である。主君・慶喜を朝敵に陥れた彼らと一緒に仕事をする気にはならなかった。

この年の七月八日、明治政府は新しい太政官制を導入した。神祇官《じんぎかん》を太政官の上位に置き、太政官に民部省・大蔵省・兵部省《ひょうぶ》・刑部省《ぎょうぶ》・宮内省《くない》・外務省を設けた二官六省制である。この他、弾正台《だんじょうだい》や集議院《しゅうぎいん》などの諸機関が置かれた。

明治政府内では、薩長土肥《さっちょうどひ》の各藩士が上級官僚の多くを占めていた。強大な閥族《ばつぞく》を形成する藩閥政治の始まりである。また、その官僚の多くは三十歳代の青年であった。

八月十一日、民部省は大蔵省に統合される。大隈重信や伊藤博文らが財政（大蔵省）と徴税（民部省）機構の統一を強く主張し、岩倉具視や木戸孝允の支持を得たからだ。ただ、組織上は民部省が残されており、役職を兼務していた。大蔵兼民部卿《きょう》（大臣）は伊達宗城《だてむねなり》で、大隈が大蔵兼民部大輔《たいふ》（次官）、伊藤が大蔵兼民部少輔《しょうゆう》（次官クラス）であった。

大蔵兼民部省の実権は大隈が握っていた。栄一は、十一月十八日、任官を断るために大隈の邸宅を訪ねた。初めて話をする大隈は、栄一より二歳上の三十二歳にすぎなかった。

「このたび、租税正を仰せつかりましたが、私には、民部省の仕事や税務に関する知識や経験はありません。また、現在、静岡藩において新たな事業に取り組んでおり、一生涯の仕事と考えております。それに、私は慶喜公に仕えた旧幕臣です。これまでの恩誼《おんぎ》を考えますと、新政府に仕えられません。この任命は取り消してください」

大隈はもっともだというような顔をしながら聞いていた。そして、一気に捲《まく》し立てた。

「君の言うことはよく分かる。だが、そもそも新政府の仕事に知識や経験のある者は誰もいないんだ。君はフランスなど欧州列強の基盤や仕組みを見聞しており、財政に関する知識にもたけている。それをぜひ生かしてもらいたい。

また、君が静岡で新たな事業を興して、藩財政が潤っていると聞いている。そうした独自の発想や知略を用いた事業を、ぜひ、君の力で全国に広げてもらいたい。

我が国では、昔から、何かあると八百万《やおよろず》の神々が集まり協議すると言われている。今は、神々が高天原《たかまのはら》で、どのような日本を建設するかと知恵を出し、話し合っているところだ。君もその八百万の神の一柱《ひとはしら》となって、新しい日本の建設に一肌ぬいでくれたまえ。

それに、旧幕臣として慶喜公への恩誼《おんぎ》もさることながら、君が任官を辞退すれば、公が優秀な旧臣を新政府に出仕させないのだと見られる。これでは慶喜公の立場を悪くするだけだ。また、君にとってもよくないことだ」

「八百万の神の一柱となって」と頼まれ、「慶喜公の立場を悪くするだけだ」と言われれば、もう断ることができない。その雄弁さは聞きしに勝るものがあった。

大隈とは、これ以後、付き合いが終生続くが、付かず離れずの関係にあった。

租税正についた栄一は、翌月十八日、妻子とともに湯島天神中坂下に移り住んだ。

推薦した者・反対した者

栄一が、財務に明るく進取の気性に富んだ人物であることは、静岡藩での活躍などから新政府内に伝わっていた。とはいえ、慶喜の信頼が厚かった旧幕臣で、元は農民である。

大隈によると、栄一を採用するように薦める人物がいた。大蔵官僚で旧幕臣の郷純造《ごうじゅんぞう》である。彼は人物を見る目があり、推薦してきた人物はみんな優秀であったという。静岡藩の前島密《まえじまひそか》（後に日本の「郵便の父」）や杉浦譲などもそうである。

ただ、郷は、このために幕臣嫌いの大久保利通が大蔵卿の時は、重要ポストから外された。大隈が大蔵卿になると、郷は要職に復帰し、その後、初代大蔵次官を務める。

栄一は郷と面識がなかったが、的確に人物評価のできる人物がいたから官僚になれたのである。そして、郷の息子・誠之助は、日本商工会議所会頭などに就任し栄一の後を継いで財界の指導者となる。これも、人間社会ゆえの何かの縁であろうか。

一方、大隈は、栄一の租税正への抜擢《ばってき》に批判が出るだろうと予測していた。その通りとなる。猛然と反対したのが、後に大審院長（現在の最高裁判所長官）となる玉乃世履《たまのせいり》である。岩国藩の出身で、栄一より十五歳も年上だ。玉乃は血相を変えて大隈に詰め寄った。

「あんな農民上がりの幕臣を、我らの上司に抜擢するとは何事ですか。渋沢ごときの下では一切仕事はしませんぞ」

大変な剣幕である。だが、大隈は一切取り合わなかった。

民部省での栄一の働きぶりは超人的であった。前例のない五里霧中の状況での職務だったが、三、四日ぐらいなら一睡もせずに、指導力を発揮して実務をこなした。税の金納制への改正、貨幣制度や郵便制度の検討、鉄道敷設《ふせつ》、行政規則の改正などまさに八面六臂《はちめんろっぴ》の活躍で、膨大な業務を次から次へと処理した。これには周りの者みんなが大変驚いた。

真っ先に大隈へ謝罪に来たのが、あの玉乃である。

「渋沢租税正の仕事ぶりはとても我々の及ぶところでない。誠に得難き人である。前に無礼なことを言ったのは思い違いであり、実に申し訳ありません」

改正掛を提案

栄一は、民部省に出仕して驚いた。職務権限が民政全般と広範囲にわたり、省内の各組織における担当業務がはっきりせず、事務処理方針も明確でなかった。新たな法律や制度はどこが担当するのか、多種多様な問い合わせをどう振り分けるのかなど、問題が山積していた。役人たちは目先の業務に追われて右往左往し、混乱の極みにあった。

このままでは仕事が捗《はかど》らないとみた栄一は、さっそく大隈に建議する。

「今の省では、新たな国の基盤づくりが全く進みません。効率よく業務を進めるために、新しい組織をつくるべきです。そこに省内の有能な人間を集めて、省が取り組むべき法律や制度などの新設、改正に当たっての提言や企画・立案を担当させるのです」

この提案を聞いて、改めて栄一の非凡さを認識した大隈であるが、即座に新組織を設置する彼の慧眼《けいがん》もさすがである。この組織は、現在でいうプロジェクトチームであり、シンクタンクに相当するものだ。栄一の時代の先を行く発想には驚くばかりだ。

明治二年（一八六九）十一月下旬、民部省の精鋭を集めた「改正掛」が設置された。掛長は栄一で、静岡藩から前島や杉浦、赤松則良《のりよし》、塩田三郎など先進国事情に明るい若き俊才を加え、十二、三人ほどである。主力は旧幕臣たちであった。

大隈や伊藤らは、省内の政策課題を改正掛に次々と下問《かもん》していく。改正掛員は本来の業務を兼務し、徹夜続きの激務であったが、新日本の国づくりに若い情熱を燃やした。

旧幕臣が集まる静岡藩は、人材の宝庫であった。明治の初めに静岡学問所と沼津兵学校を設置して人材養成を怠らなかった。多くの海外経験者が教諭となり、時代の最先端を行く高等教育を行っていたのだ。

このため、新政府の実務官吏には、静岡藩の出身者が多い。明治時代における日本の驚異的な発展に、旧幕臣たちの活躍は必要不可欠であった。

改正掛は着実に大きな成果を上げていく。度量衡の改正や廃藩置県、地租改正、国立銀行条例、郵便制度の創設、富岡製糸場の建設、貨幣制度の改正、鉄道の敷設、諸官庁の建築などの実施に向けた企画や提案、調査を行ったのである。

だが、幕臣嫌いの大久保が大蔵卿に就任すると、改正掛は廃止された。明治四年（一八七一）八月のことである。これにより、改正掛はわずか二年足らずで終わった。だが、日本の近代国家の建設に大きく寄与したことは、誰も否定できない。

コラム　栄一が語る大隈重信

大隈重信などは、人の言を聴くよりも、人に自分の言を聴かせるほうであった。せっかく彼に意見を持って訪問した人でも、たいていは言い出せず、ご意見拝聴して帰ってくる人が多かった。だから私は、ぜひとも大隈に聴いてほしいことがあるときは、談話に入る前に、「今日はかくかくの用件で参上したのであるから、まず私の話をお聴き取り願いたい、ご高見はそのあとからおうかがいします」と、前もって約束しておいて、それから用談に取りかかったものである。こうしてもややもすれば待ち切れず、中途から横道に引きずり込まれることがあった。(略)しかし彼は、他人がちらりと漏らしたことでも、案外よく記憶していたのには感服したものである。

(渋沢栄一『孔子 人間、どこまで大きくなれるか』)

2 井上馨——最も信頼する上司

雷オヤジと避雷針

明治四年(一八七一)七月十四日、廃藩置県が施行された。また、太政官の大幅な組織改正に伴う人事異動があり、大蔵卿に大久保利通、大蔵大輔に井上馨が就任した。八月、栄一は大蔵大丞《だいじょう》に任じられたことで、直属の上司が井上になる。栄一より五歳年上である。

省務に関しては井上が指示し、栄一が実務を取り仕切った。名コンビの誕生である。短気で怒りっぽく癇癪《かんしゃく》持ちの井上は、皆から「雷オヤジ」と恐れられていた。その雷オヤジは、明確に自らの意見を言う栄一を気に入っていた。そして、雷の落ちることがなかった栄一に、「避雷針」というニックネームがついた。親しい二人の関係は終生続く。

この九月、栄一は辞表を手にして井上邸へ向かっていた。財政事情に無関心な大久保に強く反発したためだ。また、大久保を何か近寄りがたく感じていたのも事実であった。

「大蔵卿やその配下の者たちは、国家財政がどうあるべきかを全く分かろうとしません。こんな人たちと一緒では、いくらよい政策を立てて一生懸命に働いても、本来の大蔵省の役割を果たせません。結局、無駄骨をおるだけです。辞めさせていただきます」

雷オヤジがなだめた。

「まあ、辞めるなどと言わないでくれ。君の気持ちはよく分かるが、今、辞められては困る。財政に関しては俺にも考えがあるから、辞職はしばらく待ってくれ。

それに、近いうち大蔵卿は、岩倉や木戸らと欧米各国へ条約改正の件で出かける。一年近くになる予定だ。この間は、俺が大蔵省の責任を負うことになる。どうだ、一緒に日本の商工業をもっと発展させようじゃないか。君もぜひやってみたいと言っていたことだろう。二人で我が国の経済を一日も早く先進国並みにしよう」

商工業の発展は、栄一が最も取り組みたい課題である。辞職を思いとどまった栄一は、井上の配慮で、しばらくの間、大阪の造幣局へ行くことになった。

大久保が岩倉使節団の副使として日本を出発した後、十一月に東京へ呼び戻された。大蔵省では、井上が実権を握っており、大久保の配下の者は異動させられていた。

尾去沢《おさりざわ》銅山事件

旧薩長藩士が絶大な権力を有した明治時代には、自らの権力を濫用した事件が起こっている。井上が関与したとされた疑獄《ぎごく》事件に、盛岡藩で起きた尾去沢銅山事件がある。

同藩御用商人の村井茂兵衛は、同銅山産出の粗銅の販売を一手に委託されていたが、明治元年（一八六八）十一月に藩から採掘権を強引に譲渡された。財政の厳しい同藩は、村井からの多額の借用金を帳消しにさせた上、年一万三千両を納めることを条件とした。同銅山の産出量が減り、銅の価格も下がっていた中での村井へのお達しであった。

戊辰戦争で敗れた盛岡藩は、この後、領地が二十万石から十三万石に減り旧仙台領白石へ移封された。翌年七月に、藩主の南部利恭《としゆき》は政府へ七十万両を献納する条件で盛岡藩知事として復帰する。この資金調達のため、同藩は英国商人オールトから三十万両を借り入れるが、その名義を強制的に村井とした。この異人からの借用も村井を苦しめた。

明治三年（一八七〇）、オールトは、貸付金の返済が捗《はかど》らないことから大阪弾正台に村井を訴えた。この後、弾正台が廃止されたために村井の審理は大蔵省判理局へ移った。そこでの取調べの主担当官が川村選《せん》である。そして、彼の後ろ盾が大蔵大輔の井上で、大蔵省の狙いは、尾去沢銅山の採掘権にあった。

川村は、藩に対して村井が書いた「金二万五千両、内借奉《ないしやくたてまつ》る」との証文を見つけ、これは藩からの借用書だとした。当時、商人が藩から弁済を受けた貸上金の領収書は、そう書くのがしきたりであった。だが、同藩勘定奉行の川井清蔵は藩が貸したものだと偽証した。

当然、それを承知していた川村であるが、村井の弁明には一切応じようとせず、オールトへの返済額を含め三万六千円余りを即納するよう迫った。しかし、盛岡藩の借財を一手に背負わされた村井には、もう返済する余力はなく、全財産が差し押さえられる。

明治五年（一八七二）三月、大蔵省は尾去沢銅山の採掘権を取り上げ、翌月に井上の知人の政商・岡田平蔵に下げ渡した。このため、井上の疑獄事件として大いに騒がれた。

盛岡藩と大蔵省の犠牲者となった村井は、失意のうちに翌年五月に亡くなる。この年の十二月十八日、遺族は司法省検事局へ同銅山の採掘権の返還を求めて訴えた。

明治八年（一八七五）十二月二十六日、東京上等裁判所の判決が出る。主たる被告の川村と元盛岡藩士の川井は有罪となり、村井に返されたのは、領収書に記載されていた二万五千円だけであった。

また、井上は、二等減じた懲役二年に代えて罰金三十円を申しつけられた。同様に被告となっていた栄一は、二等減じ無罪を言い渡された。井上と栄一は、村井より取り立てるべき金円を多収した文案に連署した罪を問われたものであった。

この事件を執拗《しつよう》に調査させたのは、肥前藩出身で司法卿の江藤新平である。彼の井上に対する敵愾心《てきがいしん》や、長州閥への反発が事件を大きくしたのは確かであるが、井上の同銅山への強い執着を見るに疑いは晴れないだろう。だが、栄一には、そうした疑わしいことは見られない。

井上と二人で辞職

井上と栄一は、財政の基本原則である「入《い》るを量《はか》りて出《い》ずるを為《な》す」を主張したが、明治初期には、日本の近代化に必要な額はいくらあっても足りない状況である。予算の分捕り合戦は、大蔵省と各省とだけでなく、藩閥間での軋轢《あつれき》も一層激しくなっていた。

井上は政府に出頭し、「各省が勝手に濫費《らんぴ》されては困る」理由を詳細に説明したが、聞き入れられない。怒った井上は、仮病を装い一か月ほど登庁しなかったほどだ。そして、最も財政事情を理解する大隈参議が、大蔵省の増額拒否の具申書を認めなかった。

遂に四面楚歌《しめんそか》となった雷オヤジが切れた。

明治六年（一八七三）五月三日、栄一ら大蔵省の吏員《りいん》を集めて言う。

「もう、俺はやっておれぬ。こんな正当な道理が通じないというのは、井上を信任せぬということだ。今日、辞めることに決めた。渋沢をはじめ一同の者、後をよろしく頼む」

こう言って、その場を立とうとした井上へ、栄一は即座に言い寄った。

「大輔《たいふ》が辞めるというのなら、私もご一緒します。大輔が唱える財政方針に共感して、これまで激務にも耐えてきたのです。もう大蔵省に留まる理由が何もありません」

翌日、井上とともに辞職を願い出た。

七日、「財政改革に関する奏議」を井上との連名で政府へ提出した。この全文が新聞や雑誌などに掲載されて、大いに物議をかもした。このうち、国家財政が破綻《はたん》に陥っていることを具体的に数字で説明している部分を、栄一の『雨夜譚《あまよがたり》』から引用する。


今全国歳入の総額を概算すれば、四千万円を得るに過ぎず。而して予め本年の経費を推計するに、一変故《へんこ》なからしむるもなお五千万円に及ぶべし。しからばすなわち一歳の出入を比較して既に一千万円の不足を生ず。しかのみならず維新以来国用の急なるを以て、毎歳負う所の用途もまたまさに一千万円に超えんとす。その他官省旧藩の楮弊《ちょへい》および中外の負債を挙ぐるに、ほとんど一億二千万円の巨額に近からんとす。ゆえにこれを通算すれば、政府現今の負債実に一億四千万円にして、償却《しょうきゃく》の道未だ立たざる者とす。

省益を主張する官僚は、歳入額を顧みずに省の予算獲得に必死となり、赤字財政の改善を先送りにした。だが、栄一は、あくまでも歳入額に見合った歳出額にすべきだとし、財政の健全化を強く訴えた。

なお、国家予算は、この一件から毎年公表されることになる。

コラム　栄一が語る井上馨

井上さんは言論の人でなく実際の人で、大体にずんずん実行すると云ふ側の人であつたから、時々理論ぬきで我儘を云ふことがあつた。従つて話にしても学問的でなく可成り粗雑な嫌ひはあつたが、実に何事にも通じて居て、不規則ながら思ひの外の事

を知つて居り、意外の事を云ひ出されることがあつた。又非常に多能な方であつた。而して案を立てることなどは得手で、実に湧くが如くであり又変通自在で、これで悪ければ斯うすると云ふ風で、実務に長けた人であった。然し気が短く、直ぐに大声で人を叱りつけたので、大蔵省で井上さんを「雷」と呼んで居たが、それに関連して私を「避雷針」と云つた。其意味は、勿論私も怒りつけられることはあつたが、さまで他の人の様に怒りもせず、終りまで何事も相談づくであつたから、「雷」の井上さんが呶鳴り出すと「渋沢君に頼む」と云つて、私を避雷針代りにしたからである。

(『渋沢栄一伝記資料 別巻第八』)

3 西郷隆盛――茫洋《ぼうよう》とした奥の深さ

西郷との初めての出会い

栄一が西郷に初めて会うのは、幕末の元治元年(一八六四)二、三月のことだ。島津久光の狙いをつかむという任務中である。大坂から京へ戻っていた栄一は平岡円四郎に呼ばれた。そして、薩摩藩の京屋敷へ行き、西郷に書面を渡すよう命じられた。

当時は、まだ慶喜と薩摩藩とは良好な関係にあった。西郷とも話をしてこいと言う。内偵の一種である。この時、西郷は三十七歳で、栄一より一回り年上であった。薩摩軍の司令官で京における藩代表として、時勢の動きを注意深くみる時期である。

ギョロリとした目の大男の西郷は、小柄ながら精悍《せいかん》な栄一を見据えて問いかけた。

「おはん、このごろの幕政を何とみておいやすか」

「最近の幕政改革で少しはよくなったかにみえますが、土台そのものは腐っております。幕政の根本である老中政治を変えていかねば、何も変わらないかと思います」

「同感でごわす。一橋公の家臣としては目のつけどころがよか。ところで、おはんは、どぎゃんな経歴のお人でごわすか」

西郷は、栄一が的確に幕政の現状をつかんでいることが分かった。それで素性を聞いたのである。武蔵国の農民に生まれ、国事を憂えて討幕を試みようとしたことや、平岡のお陰で一橋家に仕えることになったことなど、これまでの経緯を話した。

納得した様子の西郷は、栄一の問いかけに答えた。

「これからは、国政の中心を京へ移してみてはと考えとう。そして、一橋や薩摩、土佐、肥前などの雄藩で国策を決めることにしたらよか。慶喜公には中心となってもらい、その下に、諸藩の俊英による政策を審議する機関をつくってみたい」

最後に、「ただ、慶喜公は腰が弱くていかん」と漏らした。

話し込んでいると食事時となり、西郷の好物だという豚鍋が出てきた。牛や豚の肉を食べる習慣が日本になかった頃だ。それが攘夷派の西郷の好物だとは思ってもみなかった。

西郷は驚いた栄一の顔を見ながら大声で笑い、そして言った。

「夷人《いじん》と同じものば食わんと、戦をしても勝ち目はおわさん」

西郷によると、慶喜も豚肉が大好きでよく藩に催促が来るという。確かに、慶喜は「豚《ぶた》一《いち》（豚肉を食べる一橋公）殿」とも呼ばれていた。

西郷と初めて会い、饒舌《じょうぜつ》ではないが、その物言いや仕草に親しみを持った。と同時に、栄一は茫洋とした西郷の持つ奥の深さを感じとっていた。並みの人物ではない。この後も西郷に、薩摩名物の豚鍋を三度ほどご馳走《ちそう》になった。

西郷の「戦《いくさ》な足り申さん」

明治四年（一八七一）四月、西郷は、岩倉や大久保の要請により薩摩軍を率いて上京する。六月には参議となった。新政府は、明治維新最大の制度改革である廃藩置県に、西郷を必要としていた。彼の人望と力量が求められたのである。

この制度は、藩知事となった旧藩主を華族という身分にして、東京へ強制的に移り住まわせ、代わりに新政府が任命した者を県知事にすることで、中央集権体制を確立するというものだ。そして、これを推し進めるために、藩の債務は新政府が負うことにした。

だが、すべての藩知事が素直に従うのか。藩がなくなることへの不安から、藩士や領民が激しく抵抗したらどうするか。また、設置した県をどのように統治していけばよいのか。まさに難問が山積していた。

七月初め、廃藩置県に関する制度取調べ会議が開かれた。木戸と西郷の両参議の下に、大久保、井上、大隈、江藤など最高首脳部がメンバーで、大蔵権大丞《ごんだいじょう》の栄一は書記役である。

会議では、国体論や皇室に関わる重大事を議論することから、木戸は、三条と岩倉の両公の出席を要請すべきだと言い出し、栄一に出席依頼の建白書を書かせた。木戸は、この日の会議に遅れてきた西郷に同意を求めた。

「そぎゃんこと、両公に図る必要がごわすか。なんの効能もありますまい。まだ、戦な足り申さん。も少し戦争せなかなり申さん」

木戸は驚いて言い返す。

「戦が足りぬと言われるが、無理に戦争をするわけにはいかない。戦争すべき必要があればやればよいのではないか。それはそれとして、両公のご出席に賛同いただけるか」

西郷に辛抱強く説明したが、同意しない。太い首を横に振り続け、「戦な足り申さん」と繰り返すばかりである。木戸は憮然《ぶぜん》となり、流会となった。

大蔵省へ戻ってから、井上に聞いた。

「西郷参議は妙なことを言われましたが、一体あれはどういう意味なんでしょうか」

「俺にもよく分からん。西郷はよくとぼけたようなことを言う男だからな」

と首をかしげた。
二、三日すると、井上が勢い込んで栄一のところへやってきた。
「この前、西郷が話した言葉の意図が分かったぞ」

それは、

「廃藩置県は断行せねばならぬ。しかし断行すれば、旧藩主の恩誼を思う藩士らが、反抗して武力に訴えるだろう。だから政府は、戦争の準備をしなければならぬ。その覚悟があるのか」と問いたかったのだという。

制度取調べ会議は、木戸と西郷の対立で進展しなかった。そんな中、長州藩士から「廃藩断行すべし」との声が上がり、兵部少輔の山縣有朋が動いた。山縣は、国軍を作るため廃藩を断行すべきだと井上に強く迫った。井上は、廃藩置県に向けての下工作を始める。井上が木戸を説得し、山縣が、個人的に親しい西郷の了承をとりつけた。

七月九日の夜、九段坂上にあった木戸邸で内密の会談が開かれた。薩摩側が西郷と弟の従道《つぐみち》、大山巖《いわお》、大久保、これに長州側が木戸と井上、山縣が出席した。

大久保と木戸が、廃藩後の政体のあり方や役職をめぐり激しく論じ合い紛糾した。だが、小事は問わず大事を成就させることで皆が同意すると、西郷が「兵の出動は、拙者が引き受けもうす」と発言した。これにより、七月十四日、廃藩置県が断行された。

突然、自宅に来る

明治五年（一八七二）、神田小川町の栄一の自宅の玄関に、突然、西郷が従者二人をつれて姿を見せた。絣《かすり》の羽織を着て、草履《ぞうり》をはいた大男である。すぐに西郷だと分かった栄一は、何の用かと思い大変驚いたが、とにかく丁重に迎え入れた。

西郷とは閣議などで顔を合わせていたが、相手は参議であり、大蔵大丞の栄一とは官位が違いすぎた。二人だけで話をするのは、幕末に薩摩藩の京屋敷で豚鍋をご馳走になって以来である。そんなことがあったから、西郷も気楽に訪ねたのかもしれない。

「ご用がございましたなら、私の方からお伺いしますのに、わざわざ来訪をいただき大変恐縮に存じます」

「いや、今日は君に頼みがあって参ったのだ。公務じゃなかか気にせずに願いたか」

二宮尊徳が相馬藩に伝えた「興国安民法」に関することであった。廃藩置県でこの法に基づく制度が廃止されることから、同藩の者たちが西郷に残してほしいと頼んだのだ。

西郷は、この制度がどんなものなのかよく知らなかった。

これは、相馬藩の過去百八十年の財政実績から一定の予算額を定めておき、歳入がその額を上回った年に限り、殖産事業を行ったり、新しく土地を開拓したりするというものであった。これにより、相馬藩の財政は安定し、大きな成果を上げたのである。

栄一は、財政原則に基づいた非常に優れた制度だと説明した。そして、政府の予算編成のやり方に憤《いきどお》っていた栄一は、ここぞとばかりに言う。

「参議さんが、二宮翁の興国安民法の存続にご尽力なさるのは、大変結構なことでございます。しかしながら、私ども大蔵省は、この良法の精神に基づいて国家予算を組んでいますが、太政官の評議では、参議さんらが省の要求を呑んで過大な支出を押しつけてきます。それを断れば、井上はけしからん、渋沢はけちだなどと言う。これではまさしく興国安民法の逆です。今は、二宮翁の良法の存廃を問題にする場合ではありません。日本の財政運営は、この法の精神でやっていく必要があるのです。ぜひご理解をお願いいたします」

こう言われた西郷は、バツが悪そうに「おはんに頼みに来たつもりが、叱られてしもうた。こりゃいかん」と笑いながら席を立った。栄一は、地位の低い者からの苦言に文句一つ言わないで帰っていく後ろ姿に、その桁外れな人物の大きさを感じとっていた。

コラム　栄一が語る西郷隆盛

西郷公は決して偽り飾るといふ事の無い、知らざるを知らずとして通した方であるが、その為又、思慮の到らぬ人々からは、往々誤解せられたり、真意が果して何れの辺にあるか諒解せられなかつたりしたものである。これは一に西郷公と仰せられる方が至つて寡言のお仁で、結論ばかりを談られ、結論に達せられるまでの思想上の径路などに就き余り多く口を開かれなかつた為であらうかとも思ふ。

まづ西郷さんの容貌から申上げると、恰幅の良い肥つた方で、平生は何処まで愛嬌があるかと思はれたほど優しい、至つて人好きのする柔和なお顔立であつたが、一たび意を決せられた時のお顔は又、丁度それの反対で、恰も獅子の如く、何処まで威厳があるか測り知られぬほどのものであつた。恩威並び備はるとは、西郷公の如き方を謂つたものであらうと思ふ。

（『渋沢栄一伝記資料　別巻第六』）

4　大久保利通――互いに嫌い合う

旧薩摩藩士・得能《とくのう》良介との諍《いさか》い

新政府の最高権力者の大久保は、幕府が倒れたのは幕臣の腐敗にあると考えていた。このため、幕臣を政府から排除し、明治維新に貢献した若い人材を活用すべきだとした。

明治四年（一八七一）七月、大久保が大蔵卿に就任すると、大蔵省へ松方正義《まさよし》や吉井友実《ともざね》、得能良介ら旧薩摩藩士を数人送り込んだ。これにより、旧幕臣は異動させられた。

七月二十九日、栄一は太政官枢密権大史《すうみつごんだいし》に追いやられた。だが、八月十三日に大蔵省へ呼び戻されて大蔵大丞となる。大久保が送り込んだ者で、大蔵省の業務が理解できたのが松方（後に大蔵大臣、首相）と得能（後に初代大蔵技監）のみであったからだ。

この得能と栄一が、諍いを起こす。明治五年（一八七二）五月、出納頭《すいとうのかみ》の得能が栄一の執務室へ来た。複式簿記の是非をめぐって激しい口論となる。

「貴殿《きでん》が西洋簿記というくだらぬ処理をさせるから、伝票事務が煩雑《はんざつ》になり始末に負えない。速やかに撤回してもらいたい。従来の記帳方式でよいではないですか」

複式簿記は、財政の実態がよく分かる合理的な経理方法であった。栄一は、井上の了解を得て早速大蔵省に導入した。

「間違いが多いのは、伝票の記入に慣れないだけだ。国家財政の実態が把握でき、出納の正確を期するために、ぜひとも複式簿記の方式を取り入れることが必要だ」

「こんなものは、手数がかかるばかりで役に立たぬ」

「そんなことはない。貴方は伝票の記入一つ指導できずに、よく出納頭が務まるな」

「何を！」と、得能は憤慨して殴りかかってきた。

身をかわした栄一が、「何をするか。ここは役所だぞ！」と一喝した。

この時、栄一は大蔵少輔事務取扱（次官クラス）である。上役に暴力を振るおうとしたことで、得能は免官処分になる。

栄一が大蔵省に導入した複式簿記は、明治十二年（一八七九）七月に正式に国の会計処理方式となる。だが、明治二十二年（一八八九）二月十一日にドイツ憲法を範とする大日本帝国憲法が発布されると、公会計制度もドイツの「単式簿記・現金主義会計」となった。今も複式簿記方式ならば、これほど国の借金が膨らむことはなかっただろう。資金の収支状況が明らかになるとともに、国全体の資産や負債などが的確に把握できるからだ。

二人はこのような事件を起こしたものの、後日談がある。

得能は、明治七年（一八七四）一月に大蔵省へ戻り、紙幣頭《しへいのかみ》の任についた。この時、栄一は野に下り、第一国立銀行（現在のみずほ銀行）の総監役であった。

当時、世界的に金の価格が高騰しており、多くの外国人が、同銀行発行の銀行紙幣を大量にかき集めては金貨に換えて海外に持ち出していた。これでは、銀行紙幣が流通しなくなり銀行が立ち行かなくなってしまう。存亡の危機に立たされていたのである。

第一国立銀行を救うには、政府紙幣で金貨に兌換《だかん》する方式に変更するしかない。明治八年（一八七五）二月、栄一は大蔵省の紙幣寮に出かけた。

「やあ、まことにお久しぶりです。今日は何のご用ですか」

紙幣頭の得能は温かく迎えてくれた。栄一は、自ら作った国立銀行条例を改正してほしいと陳情した。身を切られる思いである。

「それは困りましたな。他に方策はありませんか」

「これ以外に、第一国立銀行を救う道はありません。何としても条例の改正をお願いします。どうかよろしく」

栄一は深々と頭を下げた。得能は、しばらく目をつぶりながら考えていた。

「うーん、そうですか。渋沢さんのたってのお願いなら仕方ありません。私から大蔵卿によく説明して改正するように尽力いたしましょう」

彼の真摯《しんし》で公平な態度に敬服した。翌年八月に国立銀行条例が改正され、第一国立銀行は救われた。この後、二人は親しい関係を築いたという。

大久保の激高

明治四年（一八七一）八月、就任早々の大久保卿から呼出があった。栄一は、同じく大蔵大丞の谷鉄臣《てつおみ》と安場《やすば》保和《やすかず》とで大久保の部屋へ行った。

「今度、政府で陸軍省の予算額を八百万円、海軍省は二百五十万円に決定するとの議があった。大蔵省としては、これを引き受けざるを得ないと考えるが、諸君はどう思うか」

大久保は最初から引き受けるつもりだ。これは軍事予算を捻出《ねんしゅつ》しろという命令である。谷も安場も大久保の腹心の部下であり、彼の意向に逆らうことはあり得なかった。

栄一は歳入予定額に基づいて各省の経費を定め、とりわけ要求額が膨大な軍事費の支出額を抑えたかった。大久保の諮問に対して、明確に自分の考えを述べた。

「今回の政府の方針に沿うことが希望ではありますが、現在、大蔵省は全国の歳入額の把握に努めているところです。まだ正確な額をつかめておりません。できるだけ早く明瞭にして、各省の要望に応えるべきだと思います。ですが、現状からしますと、政府が巨額な軍事費を安易に定めるというのは、財政上、はなはだ危険なことかと存じます。

それに、陸軍と海軍が額を決めてしまいますと、他の省でも予算要求をしてきます。こうなれば、国家財政がとんでもないことになります。それゆえ目下のところは、歳入額に応じて決めるしかありません。今回の支出額の決定は、しばらく見合わせてください」

たちまち大久保は激高し、声を荒げて厳しい口調で詰問した。

「なに！　政府で決めた陸海軍への予算は、歳入額が明確になるまで支出はできんと言うのか。渋沢は、我が国の陸海軍がどうなっても構わぬのか」

陸海軍を敵にまわしてもいいのかという言い方で、明らかに脅し以外の何ものでもない。大久保卿の気持ちが分からないわけではない。一刻も早く軍備を強化し、列強に並びたいという意識がありありと見て取れるからだ。

しかし、大久保は、大蔵卿でありながら国家財政のことを分かろうとしない。失望感が栄一をおおっていく。

「決してそういう意味ではありません。我が国の陸海軍の近代化を急ぐ必要があることぐらいは、私も十分に承知しております。しかし、年間の歳入額が明らかでない前に、巨額な支出を決めるのは、会計の理に反していると申しただけです。ご質問があったから私の意見を言ったまでです。賛否は、大蔵卿がお決めになればよいではありませんか！」

こう啖呵《たんか》を切るとサッサと部屋を出た。この時、大蔵省を辞めることを決意した。

岩倉欧米使節団を画策

栄一は、国家財政の危機に全く理解を示さない大久保への嫌気から、井上に辞表を提出しようとした。だが、大久保が近いうちに欧米に外遊するからと慰留されたのは、既述の通りである。

明治四年（一八七一）八月、参議の大隈は、修好通商条約の不平等条項の是正を図るべく締結国へ使節団を派遣すべきだとし、自らその役目を務めたいと申し出た。

だが、外務卿の岩倉が自ら代表として行くことを表明する。この裏には、岩倉と密接な関係にある大久保の画策があったとされている。こうして、岩倉が全権大使を務める岩倉使節団へと姿を変えた。政府の主導権は、あくまでも大久保の手のうちにあった。大隈はメンバーから外される。

十月八日、使節団の顔ぶれが発表された。特命全権大使に岩倉（当日、右大臣に任命）、副使に木戸（参議）と大久保（大蔵卿）、伊藤（工部大輔）という政府の最高首脳ら総勢四十六人である。これに、津田梅子や山川捨松《すてまつ》など女性も含めた留学生四十二人が加わり、全体で百人を超えた。

十一月十二日、一行は横浜港を出航し、アメリカからヨーロッパの十二か国を訪問する。使節団の最大目的は、もちろん条約改正の予備交渉である。だが、不平等条約の改正も期限の延期も、締結国からはまるで相手にされなかった。

一方、留守政府は、数々の制度改革を行い大きな成果を上げるが、予算をめぐる対立や朝鮮への使節派遣問題などが起こる。そして、この外交課題は、後に外遊組と軋轢が生じて大きな問題に発展していく。

使節団一行が横浜港に戻るのは、明治六年（一八七三）九月十三日である。実に一年十か月の歴訪は、政府指導者にとり日本の国際的地位の低さを思い知るだけとなった。

ただ、先進国の凄まじい国力を見聞してきた岩倉や大久保らの外遊組が、富国強兵を最優先としたことで、朝鮮問題をめぐり征韓論を唱える残留組の西郷や板垣退助などと確執を生む。これが、明治六年の政変となり、あの西南戦争へと歴史は向かうのである。

コラム　栄一が語る大久保利通

大久保利通公は私を嫌ひで、私は酷く公に嫌はれたものであるが、私も亦、大久保公を不断でも厭な人だと思つて居つたことは、前にも申述べて置いた如くである。（略）大久保卿に至つては、何処辺が卿の真相であるか、何を胸底に蔵して居られるのか、不肖の私なぞには到底知り得らるゝもので無く、底が何れぐらゐあるか全く測ることの能きぬ底の知れない人であつた。毫も器らしい処が見えず、外間から人をして容易に窺ひ得せしめなかつた非凡の達識を蔵して居られたものである。私も之には常に驚かされて「器ならず」とは大久保卿の如き人のことだらうと思つてたのである。

底が知れぬだけに又卿に接すると何んだか気味の悪いやうな心情を起させぬでも無かつた。之が私をして、何となく卿を「厭やな人だ」と感ぜしめた一因だらうとも思ふ。

（『渋沢栄一伝記資料 別巻第六』）

*「器ならず」は、『論語』の「子の曰わく、君子は器ならず」からきており、「器のように用途が限定されるのでなく、限りなく広く自由である」ことをいう。

5 大蔵省を辞めて、念願の実業界へ

明治六年（一八七三）五月、栄一が大蔵官僚を辞めると聞いた玉乃は、心配になり神田小川町の栄一宅を訪れていた。

「君は、その器量からして大蔵卿にもなれるだろう。今、大蔵省を辞職するのは実に惜しい。大久保卿とそりが合わないようだが、暫《しばら》くの間、辛抱すればいいのではないか。それに、今後は民業に携わると聞くが、本当なのか。それはやめた方がよい。世間から軽蔑を受けて一生役人にあごで使われるだけだ。他に道があるではないか」

「もちろん大蔵卿のこともありますが、貴兄も承知のように、今は、我が国の産業を大い

に発展させることが喫緊の課題となっております。私は、これに取り組みたいのです。凡《ぼん》庸《よう》な者でも務まる官吏と違い、商工業者は才覚豊かな者でなければなりません。ところが、そうした人物がほとんどいないのが現状です。

古くから官尊民卑の考えが、日本人に根強く残っているからです。官吏となることを望み、商工業者になることは恥辱であるとしてきました。これは明らかに間違いです。国是である殖産興業と富国強兵を図るためには、商工業者の地位と品位を高めて、有能な人材を集め、育てなければなりません。

幸い、私には幼い頃から学んだ『論語』があります。これを処世の指針とするだけでなく事業の規範尺度として、商工業の発展を図りたいと考えています。この『論語』の教えを商いに生かすことで、貴兄が心配されるような私利私欲に走り、世間から罵《ののし》られる商工業者はいなくなるはずです。今こそ、我が身をもってこれを実現すべき時だと考え、官吏を辞することを決意したのです」

『論語』の里仁《りじん》に「富と貴《たっと》きとは、是れ人の欲する所なり。其の道を以てこれを得ざれば、処《お》らざるなり」とある。「富と貴い身分は誰でも欲しがるものだ。しかし、それが正しい道理を経て得たものでなければ、そこに安住しない」と学んだ栄一は、こうした『論語』

の教えこそが、商工業者に必要だと考えていた。

この道徳経済合一主義を実行することにより、日本に根強く残る「官尊民卑」の打破をめざそうとしたのである。

新政府の一員であった約三年半の間、近代日本の躍進に必要な法や制度の多くが整備された。栄一は、これらに大きく貢献をした。その主なものは次のとおりである。


郵便制度……明治四年（一八七一）三月一日、東京・京都・大阪間で郵便業務が開始される。切手の図案は、栄一がフランスから持ち帰ったものを参考にした。

新貨条例の制定……明治四年（一八七一）五月十日に制定される。日本の貨幣単位を「円」とし、「一両」を「一円」とした。また、補助単位として「銭」「厘《りん》」を導入する。さらに、金本位制を正式採用。大隈が「円」という名をつけた。

廃藩置県……明治四年（一八七一）七月十四日、中央集権的な政治体制を確立するために、藩を廃止して府と県に一元化した。新政府が最も必要とした制度改革である。全国二百六十一藩が三府三百二県に、年末には三府七十二県となる。府・県知事には新政府が任命した者がなり、旧藩の債務は新政府が引き継いだ。

鉄道の開業……明治五年（一八七二）九月十二日、新橋駅〜横浜駅間開業の式典が新橋駅で催され、明治天皇のお召し列車が横浜までを往復した。翌月十五日から正式営業が始まる。

富岡製糸場の開設……明治五年（一八七二）十月四日に開業。群馬県富岡市に造られた日本初の製糸工場である。建設主任の栄一の意見でフランス方式を取り入れた。近代化を図る官営工場の一つで、尾高惇忠が初代場長となる。

国立銀行条例の制定……明治五年（一八七二）十一月十五日、不換紙幣の整理と殖産興業への資金を供給するための銀行条例を制定。栄一が立案したものだ。この前年に、福地源一郎（桜痴）に銀行の業務などを抄訳させた『会社弁』と、自らも会社の種類などを取りまとめた『立会略則』を刊行した。

地租改正の実施……明治六年（一八七三）〜明治十四年（一八八一）頃までかかる。全国的な地価の測定と地券の発行により、年貢から金納へ転換する大事業。土地の私的所有権が確立した。税率は地価の百分の三とする。栄一は、明治六年（一八七三）七月二十八日制定の地租改正法にかかる業務を、辞任直前まで担当した。

明治六年（一八七三）五月十四日、栄一は上司の井上とともに大蔵省を辞職した。三十四歳の時である。そして、いよいよ念願の実業界に転出する。

この年の六月十一日、第一国立銀行（現在のみずほ銀行）が設立された。国立銀行条例による日本初の株式会社による民間銀行である。資本金は三百万円で、三井組と小野組で各百万円を引き受け、残りの百万円は公募とした。

栄一は総監役に就任し、経営の最高責任者となった。なお、「銀行」という名は、栄一がつけたものである。

二年後には第一国立銀行の頭取に就任した栄一は、積極的な融資により、次々と新たな株式会社の設立や運営に関わっていく。彼は「道徳経済合一主義」を根本理念としながら、自分個人の利益のためではなく、国家や社会のための〝公益〟を念頭において事業を行ったのである。

決して、三井や三菱のように財閥は形成しなかった。息子たちにこう言ったという。

「私がもし一身一家の富むことばかりを考えたら、三井や岩崎にも負けなかったろうよ。これは負け惜しみではないぞ」

自らの経営理念を貫き、フランスで学んだ経済や金融システムを実践して、近代日本の経済界の指導者となっていく栄一だが、大変気がかりなことがあった。それは、静岡で隠棲を続ける主君の慶喜のことである。

慶喜は、明治二年（一八六九）九月に宝台院での謹慎を解かれるが、勝からの助言もあり、静岡の地において明治三十年（一八九七）まで過ごすことになる。この際の暮らしは、徳川宗家《そうけ》からの送金で賄《まかな》われていた。そんな主君を、民間人となった栄一は東京と大阪を往復する際に必ず訪ねた。時には、落語家の三遊亭円朝を連れていき、少しでもお気持ちが晴れるようにと気を配るなどした。慶喜も栄一の来訪を楽しみにしていたという。その後、慶喜が住まいを東京に移すと、栄一は、慶喜だけでなく昭武など徳川家の人々を、飛鳥山の自宅で開く花見や茶会にたびたび招待した。

こうした栄一について、慶喜の孫の榊原喜佐子は、慶喜家に仕えていた家令《かれい》の古沢秀弥から、苦しい暮らし向きを陰で支え、当家の基礎を作ったのが実業家の渋沢栄一であり、「渋沢のご恩をお忘れになってはいけません」といつも言われていたという。

静岡での慶喜は、狩猟や鷹狩、写真、油絵などの趣味人として過ごし、政治的な行動や発言を一切しなかった。また、旧幕臣で会うのは栄一や勝、山岡鉄舟ら限られた人のみであった。これは、明治天皇や新政府との無用なトラブルを意識的に避けたからだ。

栄一は、慶喜が大政奉還をした趣意や、鳥羽伏見の戦いに兵を出しながら自らは江戸に戻り恭順・謹慎した真意を知りたかった。だが、主君は全く何も言わない。その深遠なる思慮を理解したのは明治二十年以後のことである。慶喜が朝廷への恭順を貫いたのは、政権交代をスムーズに行わせるためであり、そして、真に国を思うお心からこのことを黙止し続けたのだ。栄一は、主君の偉大なる事績《じせき》を明らかにして名誉を回復するために、慶喜の正確な伝記の編纂《へんさん》を決意する。

明治二十六年（一八九三）、栄一が元幕臣でジャーナリストの福地源一郎に伝記の編纂を相談し、執筆の承諾を得る。そして、慶喜に伝記の件を申し上げると、「世間に知られるのが好ましくない」と言われたが、その公表は、慶喜が亡くなられてから相当の時期にすることで内諾をいただいた。だが、この後、福地が代議士になり多忙を極め、また、病に罹ったことからやむなく編纂を中断した。

明治四十年（一九〇七）六月、編纂主任に迎えた歴史学者の萩野由之と数人の編纂員により、新たな構想のもとに書き改めることにした。そして、公正に史実を精査し、事実を中正に記述するとの方針を立て、編纂所を栄一の事務所に設けた。

また、明治維新などにおける事実を確認する必要から、栄一は「昔夢会《せきむ》」を新たに開催した。この会は、慶喜を招いて、主に萩野や編纂員が抱いていた疑問や不明な点についてお伺いするもので、大正二年（一九一三）九月まで二十五回開かれた。毎回出席した慶喜は、当時の思慮や行動について虚心坦懐《きょしんたんかい》にお話しされたという。

大正七年（一九一八）一月、『徳川慶喜公伝』全八巻を刊行する。構想から二十五年、私財を投じて心血を注いだ事業が、ここに完結した。栄一、七十九歳の時である。

第一巻の自序には、慶喜の伝記を世に残すことが天命だとする栄一の主君への熱き想いが書かれている。そして、その自序について、こんな逸話がある。

ある日、栄一に呼ばれた孫の敬三（後に日本銀行総裁、大蔵大臣）は、しっかりした声で自序を読み始めた。やがて、祖父の主君を思いやる気持ちに心を震わせ、敬三の目から涙があふれて読めなくなり、遂には泣き伏したという。

大恩を受けた主君の名誉回復への活動を、栄一は生涯続けた。講演の際には、「朝廷への恭順を貫いた慶喜公こそが、明治維新の最大の功労者である」と主張したのだ。

大正二年（一九一三）十一月に慶喜が亡くなる。栄一は、最後の臣下として葬儀委員長を務めた。斎場には六千人を超える人が参列した。

栄一は、経済活動に専念しただけではない。福祉や医療、教育などの幅広い社会公共事業に対しても積極的に関わり、支援している。その数は約六百にもなるが、中でも東京養育院の運営に最も情熱を注ぎ、可能な限り尽力した。

東京養育院は、明治五年（一八七二）に明治政府が身寄りのない子どもや貧しいお年寄り、障害のある人などを救済するために設けた日本初の救貧施設である。この当時、貧困者を税金で養うべきではないとの意見が多かったが、栄一は、『論語』の「仁《じん》」に基づいた政治を行うべきだとして、他人と親しく、思いやりの心を持ってともに生きることを実践する。

東京養育院の事務長であった栄一は、明治十二年（一八七九）の組織改正で初代の院長に就任した。この後、九十二歳で亡くなるまでの五十年以上も院長を務めた。栄一は、社会福祉事業の基盤づくりに大きな役割を果たしたのである。

経営者である栄一だが、労働者の環境や地位の向上を求めて、大正元年（一九一二）八月に鈴木文治が創設した労働団体の「友愛会」（現在の連合）の活動を支援した。

また、大正八年（一九一九）八月十六日、資本家と労働者の協調を図るために財団法人協調会を設立した栄一は、この年に、労働組合に関して次の趣旨の談話を残している。

「治安警察法第十七条は撤廃し、労働組合の勃興《ぼっこう》を促し、労働者の利益を計るとともに、資本家側の利益をも計らねばならない。労働組合は意思の疎通を計り、労働者を統一する機関として、最もその必要を認めるものである」

この当時、労働組合に理解を示した経営者はほとんどいなかった。

そして、孫の渋沢華子によれば、栄一が亡くなった後、当時の代表的な短歌誌である『アララギ』に、「渋沢栄一翁の逝去を悼む」としたこんな歌が掲載されたという。

「資本主義を罪悪視する我なれど　君が一代は尊くおもほゆ」

晩年は、国際親善に力を注いだ。明治三十五年（一九〇二）五月、六十三歳で民間経済人として欧米への視察で太平洋を横断するが、四回目の訪米の際は大正十年（一九二一）十月で、八十二歳の時であった。

また、日本国際児童親善会を組織して、日米の子どもたちによる「青い目の人形」と

「日本人形」の交換で友好を促進した。特に、緊張が高まっていた日米関係の改善に心血を注いだのである。

そして、インドの詩人タゴールや蔣介石《しょうかいせき》などを飛鳥山の自宅に招いたり、中国の水害に義援金を送ったりするなどの民間外交を積極的に展開し、その先駆者としての役割を果たした。

昭和元年（一九二六）と翌年には、ノーベル平和賞の候補となっている。また、近代日本の発展に尽くした栄一は、実業界でただ一人、子爵の称号を与えられた。

九十歳になっても、栄一は眼鏡もかけることなく新聞や本などを読み、自分のことはほとんどできたという。

九十一歳の時のエピソードが残っている。

社会福祉団体の代表が栄一の邸宅を訪ね、生活困窮者を救うための救護法の予算化に尽力してほしいとの依頼があった。風邪で臥《ふ》せっていた栄一だが、車の用意をさせ、直ぐに大蔵大臣と内務大臣に面会申し込みの電話を入れた。主治医も妻の兼子も驚いて止めたが、よろける足で立ち上がり、こう言ったという。

「こんな老いぼれが平素から養生《ようじょう》を心掛けているのは、こういう時の役に立ちたいからなんです。もし、これがもとで私が死んでも、二十万もの不幸な人たちが救われるのであれば結構なことではないですか」

息子の秀雄は「どうもオヤジさんは心身共に出来が違いすぎる」と、『父 渋沢栄一 下巻』に書いているが、やはり間違いではなかったようだ。

昭和六年（一九三一）十一月十一日、時代が求めた栄一は、その時代に大きな功績を残し王子・飛鳥山の自宅で死去した。享年九十二。葬儀の当日には四万人を超える人々が見送ったという。谷中霊園で慶喜の近くに眠る。これにより、慶喜は永遠の主君となった。

渋沢栄一 年譜

西暦	和暦	年齢	主な出来事
一八四〇	天保十一年	一	二月十三日、武蔵国《むさしのくに》榛沢《はんざわ》郡血洗島《ちあらいじま》村（現在の埼玉県深谷《ふかや》市）に生まれる。
一八四六	弘化三年	七	従兄の尾高惇忠から「四書五経」などを学ぶ。
一八五三	嘉永六年	一四	藍葉の買い付けに一人で行くなど、家業に励む。
一八五六	安政三年	一七	岡部藩の代官に反発、武士になり国をよくしたいと決意する。
一八五八	安政五年	一九	十二月、従妹のちよ（尾高の妹）と結婚する。
一八六一	文久元年	二二	三月、従兄の渋沢喜作と江戸に遊学する。
一八六三	文久三年	二四	八月、高崎城を乗っ取り、横浜を焼き討ちにする討幕計画を練る。 十月、計画が中止となり、喜作とともに京へ出奔《しゅっぽん》する。
一八六四	文久四年 （元治元年）	二五	二月、京で平岡円四郎から勧められ、一橋慶喜に仕える。
一八六五	元治二年 （慶応元年）	二六	三月、儒学者の阪谷朗盧と出会い、開国をめぐって論争する。

一八六六	慶応二年	二七	十二月、徳川慶喜が将軍となり、栄一は幕臣となる。
一八六七	慶応三年	二八	一月、徳川昭武が参列するパリ万国博覧会の使節団員として、横浜港を出帆し、三月、パリに到着。博覧会を視察後、オランダ、イタリア、イギリスなどの五か国を歴訪。その後、昭武がパリで留学生活を送る。
一八六八	慶応四年（明治元年）	二九	明治新政府から帰朝命令を受け、九月にマルセイユを出港。十一月に昭武らと帰国する。後に、慶喜が謹慎する静岡へ行く。
一八六九	明治二年	三〇	一月、日本初の合本組織（株式会社）である商法会所を静岡で設立する。十一月、大蔵兼民部大輔の大隈重信の説得で、民部省租税正となる。
一八七一	明治四年	三二	八月、大蔵大輔の井上馨が栄一の上司になる。
一八七二	明治五年	三三	参議の西郷隆盛が、突然、栄一の自宅を訪ねる。
一八七三	明治六年	三四	五月、大蔵卿の大久保利通への反発もあり、大蔵省を辞める。六月、第一国立銀行（現在のみずほ銀行）の総監役になる。
一八七五	明治八年	三六	二月、紙幣頭の得能良介に、自ら作った国立銀行条例の改正を申し入れる。この改正で第一国立銀行の危機が救われる。
一九一八	大正七年	七九	一月、『徳川慶喜公伝』全八巻を刊行する。
一九三一	昭和六年	九二	十一月十一日、王子・飛鳥山の自宅で死去する。

注：本書における栄一の行動を中心に表記したものである。

おわりに

明治時代における渋沢栄一の業績を、高く評価した外国人がいる。「経営の神様」や「知の巨人」と言われ、世界的に著名な社会生態学者のピーター・ドラッカーである。

彼は日本の歴史や文化にも造詣が深い。そして、ドラッカー学会があるほどに日本の経営者や学者、企業人など数多くのドラッカリアンがいる。日本で最も多く翻訳され、最も愛読されているのが、彼の著書であろう。

そのドラッカーは、NHK「明治」プロジェクト編著の『NHKスペシャル 明治1 変革を導いた人間力』で、明治時代の栄一について次のように話している。

明治という時代の特質は、古い日本が持っていた潜在的な能力をうまく引き出したことですが、それは、渋沢栄一という人物の生き方に象徴的に表されています。

渋沢は、フランス語を学び、ヨーロッパに滞在し、フランスやドイツのシステムを研究しました。そして、そうしたヨーロッパのシステムを、すでに存在していた日本のシステムに、うまく適合させたのです。

実にユニークなことだし、そのようなことを成し遂げた国や人々はほかには存在していません。

渋沢のもうひとつの大きな功績は、一身にして立案者と実行者を兼ねて、事業を推進したということです。

彼には思想家である側面と行動家としての側面を結合するユニークな才能がありました。ふつう、思想家というものは行動することが苦手で、行動家は思想家から考えを借りるものです。渋沢は思想家としても行動家としても一流でした。

百年以上前に死んだ人がつくった組織がいまだに存在し、みごとに機能しているというのは、きわめて珍しいことです。

渋沢は希有《けう》の存在であり、たいへんユニークな人物です。

ドラッカーは、誰よりも栄一を称賛しており、この本で「渋沢が今日の『日本システム』を創造した」とまで言っている。

また、海運業において死闘を繰り広げた岩崎と栄一について、ドラッカーは、その名著『断絶の時代』で次のように書いている。

岩崎弥太郎（一八三四－八五）と渋沢栄一（一八四〇－一九三一）の名は、国外では、わずかの日本研究家が知るだけである。しかしながら彼らの偉業は、ロスチャイルド、モルガン、クルップ、ロックフェラーを凌ぐ。

岩崎は、日本最大、世界最大級の企業集団、三菱をつくった。渋沢は、その九〇年の生涯において、六〇〇以上の会社をつくった。この二人が、当時の製造業の過半をつくった。彼ら二人ほど大きな存在をもつ国は、ほかにはなかった。

岩崎が五一歳で早世するまでの二〇年間、この二人が、公の場で論じあった。岩崎は資金を説いた。渋沢は人材を説いた。

今日では、二人とも正しいことが明らかである。経済発展のためには、資金の生産性を高めなければならない。利用可能な資金を可能性のある分野に動員しなければならない。しかし同時に、経済発展のためには、人間の生産性を高めなければならない。人間のエネルギーを可能性のある分野に動員しなければならない。（略）この二つを無視するとき、経済発展は失敗する。

栄一が会社の設立に関わる場合、自らの持ち株を数パーセントに抑えて多くの人たちの参画を求めた。そして、資金集めから組織を確立し次々と新会社を立ち上げては、経営者として有能と思われる人物を見出して後をまかせた。実業界の最高指導者から会社を託された経営者は、必死になってそれに応えようと企業経営に励んだという。

栄一は一橋家に任官する際、平岡円四郎に「幅広く有為な人材を登用し、その者に適した役職につかせて、有する能力を最大限に生かすことが肝要である」との建白書を出している。既に、この頃からドラッカーが言うように人材の重要性を説いていたのである。

ドラッカーは、平成十七年（二〇〇五）十一月十一日に亡くなった。九十五歳であった。奇しくも命日は栄一と同じである。栄一の死去から七十四年後のことだ。

私は、平成十九年（二〇〇七）四月に栄一の郷里である深谷市を所管する地域機関の勤

栄一が宿泊した「グランドホテル・ド・パリ」(現在のルグランホテル)

務となった。関西で生まれ育ったこともあり、それまで「今日の日本システムを創造した」栄一の人生をよく知らなかった。生地に建つ渋沢家や渋沢栄一記念館、尾高の生家などを見てまわり、また、王子・飛鳥山の渋沢史料館にも足を運んだ。同時に、栄一に関する本を精力的に読むなどした。

農民生まれの栄一が、明治維新という一大変革の時代を生き抜く中で受けた屈辱や苦難に驚いた。そして、これらを見事に乗り越え実業界のリーダーとなっていく彼の凄さに引き込まれ、私の時間のすべてを栄一に費やした。

歴史に名を残す有能な人々と関わり成長していく青年時代の姿を、どうしても描きたくなり、自らの浅学非才を顧みずに、書き始めた。

平成二十一年(二〇〇九)、初めてフランスのパリを訪れた。慶応三年（一八六七）に栄一が宿泊した「ルグランホテル」（当時の名は、グランドホテル・ド・パリ）へ行ってみた。有名な観光スポットであるオペラ座の隣の建物だ。威容を誇るホテルの外観は当時のままで、今でもパリの最高級ホテルである。

広いロビーで机の上に置かれたアルバムほどの大きさの厚い本を見つけた。本をめくると、一八六二年に開業した当時のホテルの全景図が載っていた。壮麗なホテルの前では大勢の紳士淑女が語り合い、広い石畳《いしだたみ》の通りには馬車や馬が行き来し数多くの人々が歩いている。この瞬間、栄一が大変驚いたであろう光景を共有した。パリ訪問の目的が果たされた一瞬でもあった。

私は、平成二十二年（二〇一〇）十月に『渋沢栄一　人こそ力なりの思想』（幻冬舎ルネッサンス新書）を出版した。知人から「農家に生まれた渋沢が、なぜ資本主義の父になれたのかがよく分かった」とか、「読みやすくて面白いので、一気に最後まで読んだよ」などと言われた。また、数人の方からは、そうした感想を書いた手紙やハガキを頂いた。これらに大変感激したことを、今でもよく覚えている。

この度、幻冬舎の方から「幻冬舎新書として渋沢栄一の本を出しませんか」とのお話があった。大変驚き、「本当に私の本でいいのですか」と思わず聞いた。

今回、新たに指摘していただいた箇所や、稚拙な文章が多いことから、全面的に見直し、多くの部分を加筆修正した。これでより一層栄一の実像に迫ることができた。

本書により、時代の先を見つめて近代資本主義の父になっていく若き日の渋沢栄一を、多くの方に知っていただければと思う。

今井博昭

参考文献

『雨夜譚　渋沢栄一自伝』（渋沢栄一述）長幸男校注　岩波文庫　一九八四年
『雨夜譚　余聞』渋沢栄一述　石井浩解説　小学館　一九九八年
『渋沢栄一伝記資料』第一～三巻・第三十一巻　渋沢青淵記念財団竜門社編
渋沢栄一伝記資料刊行会　一九五五・六〇年
『渋沢栄一伝記資料』別巻第三～八巻　渋沢青淵記念財団竜門社編集発行
一九六七～六九年
『昔夢会筆記　徳川慶喜公回想談』渋沢栄一編　大久保利謙校訂　東洋文庫　一九六六年
『渋沢栄一　雨夜譚／渋沢栄一自叙伝〔抄〕』渋沢栄一　日本図書センター　一九九七年
『父　渋沢栄一』上巻・下巻　渋沢秀雄　実業之日本社　一九五九年
『徳川慶喜最後の寵臣　渋沢栄一　そしてその一族の人びと』渋沢華子　国書刊行会
一九九七年
『渋沢栄一』土屋喬雄　吉川弘文館　一九八九年
『澀澤榮一傳』幸田露伴　岩波書店　一九三九年
『日々に新たなり　渋沢栄一の生涯』下山二郎　国書刊行会　一九八八年
『渋沢家三代』佐野眞一　文春新書　一九九八年
『雄気堂々』上・下　城山三郎　新潮文庫　一九七六年

『小説　渋沢栄一　上　曖々たり』津本陽　日本放送出版協会　二〇〇四年
『小説　渋沢栄一　下　虹を見ていた』津本陽　日本放送出版協会　二〇〇四年
『渋沢栄一を歩く　公益を実践した実業界の巨人』田澤拓也　小学館　二〇〇六年
『尾高惇忠』荻野勝正　さきたま出版会　一九八四年
『幕末武州の青年群像』岩上進　さきたま出版会　一九九一年
『幕末維新埼玉人物列伝』小高旭之　さきたま出版会　二〇〇八年
『孔子　人間、どこまで大きくなれるか』渋沢栄一　三笠書房　一九九六年
『渋沢栄一の「士魂商才」』古川順弘　寺島実郎監修　中経の文庫　二〇一〇年
『渋沢栄一　人間、足るを知れ「時代の先覚者」はなぜかくも「無私」たりえたのか』永川幸樹　ベストセラーズ　一九九九年
『論語』金谷治訳注　岩波文庫　一九六三年
『覚悟の人　小栗上野介忠順伝』佐藤雅美　岩波書店　二〇〇七年
『大君の通貨　幕末「円ドル」戦争』佐藤雅美　文春文庫　二〇〇三年
『徳川慶喜　将軍家の明治維新』松浦玲　中公新書　一九七五年
『最後の将軍』司馬遼太郎　文春文庫　一九七四年
『謎とき徳川慶喜　なぜ大坂城を脱出したのか』河合重子　草思社　二〇〇七年
『天下の副将軍　水戸藩から見た江戸三百年』長山靖生　新潮選書　二〇〇八年
『維新史料編纂会講演速記録』一・二　日本史籍協会編　東京大学出版会　一九七七年

『水戸学と明治維新』吉田俊純　吉川弘文館　二〇〇三年
『三代の系譜』阪谷芳直　みすず書房　一九七九年
『阪谷芳郎傳』故阪谷子爵記念事業会編集発行　一九五一年
『航西日記』渋沢栄一　大江志乃夫訳　世界ノンフィクション全集14　筑摩書房　一九六一年
『澁澤榮一滞仏日記』日本史籍協会編　東京大学出版会　一九六七年
『渋沢栄一、パリ万博へ』渋沢華子　国書刊行会　一九九五年
『攘夷論者の渡欧　父・渋沢栄一』渋沢秀雄　双雅房　一九四一年
『初代駅逓正　杉浦譲　ある幕臣からみた明治維新』高橋善七　日本放送出版協会　一九七七年
『近代の創造　渋沢栄一の思想と行動』山本七平　ＰＨＰ研究所　一九八七年
『プリンス昭武の欧州紀行　慶応３年パリ万博使節』宮永孝　山川出版社　二〇〇〇年
『徳川昭武　万博殿様一代記』須見裕　中公新書　一九八四年
『密航留学生たちの明治維新　井上馨と幕末藩士』犬塚孝明　日本放送出版協会　二〇〇一年
『幕末外交談』一・二　田辺太一　坂田精一訳・校注　東洋文庫　一九六六・八七年
『薩摩藩英国留学生』犬塚孝明　中公新書　一九七四年
『しみづうさぶらう略伝』長井五郎　山本印刷　一九七〇年
『福翁自伝』福沢諭吉　富田正文校訂　岩波文庫　一九七八年

『幕末日本とフランス外交　駐日フランス公使レオン・ロッシュは、なぜ、落日の幕府に肩入れしたのか?』鳴岩宗三　創元社　一九九七年
『海を渡った幕末の曲芸団　高野広八の米欧漫遊記』宮永孝　中公新書　一九九九年
『幕末遣外使節物語　夷狄の国へ』尾佐竹猛　講談社学術文庫　一九八九年
『夜明けの雷鳴　医師高松凌雲』吉村昭　文藝春秋　二〇〇〇年
『幕府パリで戦う』南條範夫　光文社時代小説文庫　一九九四年
『維新前夜　スフィンクスと34人のサムライ』鈴木明　小学館　一九八八年
『そこに日本人がいた!　海を渡ったご先祖様たち』熊田忠雄　新潮社　二〇〇七年
『徳川昭武幕末滞欧日記』宮地正人監修　松戸市教育委員会編　山川出版社　一九九九年
『別冊歴史読本64　世界を見た幕末維新の英雄たち　咸臨丸から岩倉使節団まで』新人物往来社　二〇〇七年
『飯能の幕末』浅見徳男　飯能郷土史研究会　二〇〇六年
『飯能戦争に散った青春像　郷土の志士渋沢平九郎』宮崎三代治　まつやま書房　一九八三年
『幕末・京大坂　歴史の旅』松浦玲　朝日新聞社　一九九九年
『大系日本の歴史12　開国と維新』石井寛治　小学館　一九九三年
『彰義隊遺聞』森まゆみ　新潮社　二〇〇四年
『幕臣たちの明治維新』安藤優一郎　講談社現代新書　二〇〇八年

『明治天皇　苦悩する「理想的君主」』笠原英彦　中公新書　二〇〇六年
『幕末の朝廷　若き孝明帝と鷹司関白』家近良樹　中公叢書　二〇〇七年
『旧幕臣の明治維新　沼津兵学校とその群像』樋口雄彦　吉川弘文館　二〇〇五年
『大江戸復元図鑑〈武士編〉』笹間良彦　遊子館　二〇〇四年
『勝海舟』松浦玲　中公新書　一九六八年
『氷川清話』勝海舟　江藤淳・松浦玲編　講談社学術文庫　二〇〇〇年
『岩倉具視』大久保利謙　中公新書　一九七三年
『高杉晋作』奈良本辰也　中公新書　一九六五年
『坂本龍馬』池田敬正　中公新書　一九六五年
『西郷隆盛』上・下　井上清　中公新書　一九七〇年
『大久保利通』毛利敏彦　中公新書　一九六九年
『大久保利通と明治維新』佐々木克　吉川弘文館　一九九八年
『王政復古　慶応三年十二月九日の政変』井上勲　中公新書　一九九一年
『戊辰戦争　敗者の明治維新』佐々木克　中公新書　一九七七年
『三井物産初代社長』小島直記　中央公論社　一九八一年
『夢とのみ　鍵屋村井茂兵衛覚書』葉治英哉　国書刊行会　二〇〇六年
『実録日本汚職史』室伏哲郎　ちくま文庫　一九八八年
『徳川慶喜と渋沢栄一　最後の将軍に仕えた最後の幕臣』安藤優一郎　日本経済新聞出版社　二〇一二年

『徳川慶喜家の子ども部屋』榊原喜佐子　草思社　一九九六年
『その後の慶喜　大正まで生きた将軍』家近良樹　講談社　二〇〇五年
『ＮＨＫスペシャル　明治1　変革を導いた人間力』ＮＨＫ「明治」プロジェクト編著
日本放送出版協会　二〇〇五年
『断絶の時代　いま起こっていることの本質』Ｐ・Ｆ・ドラッカー　上田惇生訳
ダイヤモンド社　一九九九年

本書は、二〇一〇年十月幻冬舎ルネッサンスより刊行された
ものを、加筆修正したものです。

著者略歴

今井博昭《いまいひろあき》

一九五一年、和歌山県橋本市生まれ。郷土史家。
関西大学法学部を卒業し、東京・品川の書店で働いた後、埼玉県庁に入る。
主に福祉や商工、労働分野の職務に携わり、二〇一六年に退職。
渋沢栄一や清水卯三郎など埼玉県生まれの人物を研究し、
彼らの人生や功績などについて、講演活動や雑誌投稿により紹介している。
著書に『歴史に隠れた大商人　清水卯三郎』(幻冬舎ルネッサンス新書)がある。

幻冬舎新書 561

渋沢栄一
「日本近代資本主義の父」の生涯

二〇一九年 六 月五日 第一刷発行
二〇二〇年十二月五日 第二刷発行

著者 今井博昭
発行人 志儀保博
編集人 小木田順子

発行所 株式会社 幻冬舎
〒一五一-〇〇五一 東京都渋谷区千駄ヶ谷四-九-七
電話 〇三-五四一一-六二一一(編集)
〇三-五四一一-六二二二(営業)
振替 〇〇一二〇-八-七六七六四三

ブックデザイン 鈴木成一デザイン室
印刷・製本所 中央精版印刷株式会社

Printed in Japan ISBN978-4-344-98562-9 C0295
い-34-1

幻冬舎新書

辻田真佐憲

天皇のお言葉

明治・大正・昭和・平成

天皇の発言は重い。明治以降、その影響力は特に激増した。普遍的な理想と時代の要請の狭間で発せられる言葉に忍び込む天皇の苦悩と葛藤。気鋭の研究者が抉り出す知られざる日本の百五十年。

古野まほろ

警察用語の基礎知識

事件・組織・隠語がわかる!!

小説、映画、ドラマなど『警察モノ』は絶大な人気を誇る。本書は、元警察官でありキャリア警察官僚であったミステリ作家が、警察用語を平易かつ正確にエッセイ形式で解説。この1冊で警察通に！

五木寛之

人生の目的

人生は思うにままならぬもの。お金も家族も健康も、支えにもなるが苦悩にもなる。ならば何のために生きるのか。時代は変わるがラクではない暮らしが続く今、ひそかに甦る感動の名著。

安部龍太郎

信長になれなかった男たち

戦国武将外伝

信長・秀吉・家康の華々しい活躍の陰には敗れ去った多くの武将たちがいた――。戦国初の天下人、三好長慶《みよしながよし》。ローマに使節団を送った蒲生氏郷《がもううじさと》等々……。知られざる戦国武将25人の栄光と挫折。

片山杜秀
平成精神史
天皇・災害・ナショナリズム

度重なる災害、資本主義の限界、浅薄なナショナリズム。「平らかに成る」からは程遠かった平成。この三〇年に蔓延した精神的退廃を日本人は乗り越えられるのか。博覧強記の思想家による平成論の決定版。

安部龍太郎
信長はなぜ葬られたのか
世界史の中の本能寺の変

戦国時代は世界の大航海時代だった。信長は世界と闘った日本初の為政者だったのだ。朝廷との確執、イエズス会との断絶、その直後に起きた本能寺の変……。世界史における本能寺の変の真実。

半藤一利
歴史と戦争

幕末・明治維新からの日本の近代化の歩みは、戦争の歴史でもあった。過ちを繰り返さないために、私たちは歴史に何を学ぶべきなのか。八〇冊以上の著作から厳選した半藤日本史のエッセンス。

丸山俊一＋ＮＨＫ「欲望の民主主義」制作班
欲望の民主主義
分断を越える哲学

世界中で民主主義が劣化している。今、世界の知性たちは何を考えるのか――？　若き天才哲学者、マルクス・ガブリエルら六人が考察する政治変動の深層。世界の現実を知る必読書。

小谷野敦
文豪の女遍歴

夏目漱石、森鷗外、谷崎潤一郎ほか、スター作家62名のさまよえる下半身の記録。姦通罪や世間の猛バッシングに煩悶しつつ、痴愚や欲望丸出しで恋愛し、それを作品にまで昇華させた日本文学の真髄がここに！

山村竜也
幕末武士の京都グルメ日記
「伊庭八郎征西日記」を読む

隻腕の武士・伊庭八郎が、将軍・家茂の京都上洛に帯同した際に記した「征西日記」の全文を現代語訳し詳細に解説。京都グルメに舌鼓を打つ幕末武士のリアルな日常が実感できる稀有なる一冊。

山田雄司
忍者はすごかった
忍術書81の謎を解く

黒装束で素早く動き、手裏剣で敵を撃退する……そんな忍者のイメージはフィクションだった！　「酒、淫乱、博打で敵を利用せよ」など忍術書の教えから、本当の姿を克明に浮かび上がらせる。

野瀬泰申
文学ご馳走帖

志賀直哉『小僧の神様』で小僧たちが食べた「すし」とは？　夏目漱石『三四郎』が描く駅弁の中身とは？……文学作品を手がかりに、日本人の食文化がどう変遷を遂げてきたかを浮き彫りにする。